ゴルバチョフが語る

冷戦終結の真実と21世紀の危機

山内聡彦 Yamauchi Toshihiko
NHK取材班

NHK出版新書
455

はじめに

世界がひどく、ぎくしゃくし始めた――。

二〇一四年二月、ウクライナの首都キエフで起きた武力衝突のニュースをテレビで見ながら、そう感じたのもつかの間、恐ろしいほどの速さで負の連鎖は起きた。三月には、ロシアがあっという間にウクライナ領クリミアを編入、欧米や日本から非難をあびてG8から締め出される。欧米日はロシアへの制裁を発動した。

今度は、ウクライナ東部で親ロシア派とウクライナ軍の戦闘が始まる。無関係の民間機が撃墜されるという、信じられない悲劇もあった。九月、親ロシア派とウクライナ政府は停戦合意に至ったが、戦闘は止まらなかった。二〇一五年一月には、親ロシア派による激しい戦闘が起きている。二月に再度停戦で合意したが、先行きは不透明だ。

「ウクライナ危機」と呼ばれるようになったこの事態は、いったいいつ収束するのだろうか。二〇一四年二月初め、ロシアのソチで繰り広げられた冬季オリンピック競技の名勝負の数々に世界が沸いたのが、まるで幻だったかのように、ロシアと欧米の対立は深刻化の一途をたどる。この危機は、二一世紀の世界の気運を一変させてしまった。

二〇世紀にも、世界を恐怖に陥れた危機があった。一九四五年から半世紀近く続いた東西冷戦である。世界は二つに分断された。アメリカを中心とした西側諸国と、ソビエトを中心とした東側諸国。東西は互いの陣営にミサイルを向け合った。米ソは核兵器の開発競争に明け暮れ、全人類を何千回も全滅できるほどの核戦力を持つことになる。

史上最悪とも言われるほどの危機だった。しかし、当時の首脳たちは、この冷戦を武力衝突なしに終わらせた。なぜそんなことができたのか――。

ウクライナ危機の出口が見えず、欧米とロシアが互いに譲らない現在、当時の外交交渉の物語は、示唆に富むのではないか。それが、取材を始めた私たちの出発点だった。

私たちがまずコンタクトをとったのが、冷戦終結の最大の立役者の一人、元ソビエト大統領のミハイル・ゴルバチョフである。ウクライナ情勢がひどくなるさなかの二〇一四年六月、モスクワでインタビューした。このとき八三歳。昔を懐かしむ雰囲気はまったくなく、どの言葉も緊張感に満ちていた。常にウクライナ危機が念頭にあったからだ。

ゴルバチョフが答えたのなら私もぜひ話をしようと、九月、アメリカ、フランス、ドイツの冷戦終結の立役者たちが、次々とインタビューに応じてくれた。レーガン―ブッシュ時代にアメリカ・ホワイトハウスの報道官を務めたマーリン・フィッツウォーター。同じく駐ソビエト大使だったジャック・マトロック。フランスのミッテラン大統領の補佐官だったジャック・アタリ。西ドイツ・コール首相の顧問を務めたホルスト・テルチク。ノスタルジックに語る人は誰もいなかった。最長で四時間。どのインタビューからも、ウクライナ危機が起きているいまだから、ぜひ当時のことを語っておきたいという熱い思いがひしひしと伝わってきた。

すべてのインタビューを終えて痛感したのは、「対立にこそ対話が欠かせない」ということである。

冷戦は、いつのまにか自然消滅したのでは決してない。ソビエト、アメリカ、フランス、西ドイツ、それぞれが複雑な事情を抱えながら、東西対立を何とかしなければ自国の発展はないという思いで、首脳や高官たちが一緒のテーブルについたのである。想定していた着地点にたどりつかないことや、交渉が決裂したことさえあった。しかし結果はどうであれ、対話を始めることが、相手が本当は何を望んでいるのか、どうすれば互いが納得しうるのかを考える出発点になった。対話を繰り返すことが、信頼関係を築くことにつながり、対立打開の糸口を見つけるきっかけになった。首脳や高官たちは、公式な会談だけでは埒《らち》が明かなければ、晩餐会《ばんさんかい》などの非公式の対話の場も活用した。戦後、これほど東西が対話を繰り返した時代はなかったのではないかと思えるほどである。

私たちは、撮影したインタビューを編集し、三つの番組を制作した。本書は、これらの番組をもとに再構成したものである。軸になるのは、ゴルバチョフをはじめとする、冷戦終結の立役者たちが生き生きと語る貴重なインタビュー。放送では割愛した内容も、ふんだんに織り込んだ。

本書の狙いは、ゴルバチョフを主人公に冷戦終結の舞台裏を明かしながら、その歴史にウクライナ危機解決の糸口を探ることだ。第一章は、ウクライナ危機と東西冷戦をつなげる導入パート。続けて語られる冷戦終結の物語は、大きく二部構成をとっている。ゴルバチョフから見て、対アメリカ編（第二章〜第四章）と対ヨーロッパ編（第五章、第六章）に分けた上で、対話によって対立が解けていくプロセスを追う。そして第七章ではふたたび現代に立ち戻り、冷戦終結の当事者たちのウクライナ危機に対する提言を聞く。

続いて、章ごとに扱う内容を説明しよう。

第一章では、ウクライナ危機の背景とその深刻さを見つめる。どうして起きたのか。なぜ長期化するのか。いかに世界を巻き込み、二一世紀の危機となっているのか。ゴルバチョフの口からは、冷戦が終結へと向かった「あの時代」に学ぶべきだと語られる。

第二章は、ゴルバチョフの登場と、冷戦終結のプロセスのスタートとなった、スイス・ジュネーブでの米ソ首脳会談を見る。いわば、東西の対話の始まりの物語だ。レーガンとゴルバチョフはギリギリのところで交渉決裂を回避し、共同声明にこぎつける。その際に晩餐会が果たした役割も含め、生々しい駆け引きの様子が語られる。

第三章は、その後の劇的な展開。米ソ核軍縮交渉は、このまま進展するかという矢先に、レイキャビクの米ソ首脳会談で決裂する。それが、一年後のワシントン会談で一気に前進。実は、決裂にこそ前進の手がかりがあったという逆説のストーリーが語られる。

第四章は、米ソ交渉の仕上げとも言えるモスクワの米ソ首脳会談、さらにマルタでの冷戦終結宣言へ。何が冷戦を終わらせたのか、ここで一度立ち止まって考察する。

第五章では、ゴルバチョフの対ヨーロッパ外交を分析する。その根底にあった「ヨーロッパ共通の家」構想とは何か。ヨーロッパの分断の歴史をひもときながら、ゴルバチョフのフランスへの接近を軸に、壮大な構想を読み解く。

第六章は、ベルリンの壁崩壊と東西ドイツ再統一。ゴルバチョフの外交がもたらした東西ヨーロッパの変動とは何か。ドイツ再統一問題では、ゴルバチョフの交渉手腕がいかんなく発揮される。ここでも晩餐会が重要な役割を果たす。

第七章は、もう一度ウクライナ危機へと視点を移す。深刻な欧米とロシアの対立は、新たな冷戦とも言われる。解決の糸口はあるのか。ゴルバチョフたちの提言を聞く。

執筆者は三名。第一章~四章、第七章は、冷戦時代にＮＨＫモスクワ特派員を務め、その後もソビエトやロシアを取材し続けてきたＮＨＫ解説委員の山内聡彦《としひこ》が主に執筆した。第五章と第六章は、世界各国を幅広く取材し、数々の国際ドキュメンタリーを制作してきたＮＨＫエグゼクティブ・プロデューサーの三雲節《せつ》、そして今回、世界各国を飛び回ってすべての関係者を取材し、事実を発掘したフリーディレクターの佐藤憲正《のりまさ》の二名が主に執筆した。

これは、東西冷戦という計り知れないほど深刻な対立を、対話によって必死に打開しようとした、ゴルバチョフたちリーダーの苦闘の物語である。

はたして、二一世紀の新たな危機を乗り越える対話は生まれるのか——。

二〇一五年二月

ＮＨＫエデュケーショナル　部長プロデューサー　村山　淳

ゴルバチョフが語る　冷戦終結の真実と21世紀の危機　目次

ヨーロッパとの対話（第五章、第六章）

第一章　ウクライナ危機への警鐘

ヤヌコービッチ大統領の退陣を訴え、反政府デモを繰り広げるキエフ市民
（2014年2月、写真提供：ロイター／アフロ）

壁崩壊から二五年後の危機

二〇一四年は、ベルリンの壁が崩壊してからちょうど二五年になる。東西冷戦の最前線に立ってきたベルリンの壁の崩壊は、冷戦終結に向けた動きが加速度的に勢いを増している現実を世界中に示すものだった。それから四半世紀がたち、旧ソビエトのウクライナをめぐって、ロシアと欧米諸国との激しい対立が起きている。「鉄のカーテン」がなくなり、冷戦がようやく終わったというのに、また新たな冷戦のような事態になって、東西を隔てる境界線ができてしまうのではないかという懸念も出ている。

なぜそういうことが起きたのか、今後どうなるのだろうか、そもそも冷戦はいまよりはるかに激しい世界的な規模の対立だったのに、いかにして終結できたのだろうか。私たちはウクライナ危機の解決を考える上で、かつて冷戦の終結にかかわった東西の当事者たちから証言を聞くことが重要だと考えた。また、これらの当事者が現在のウクライナ危機をどう思っているのか、どんな解決方法を提言するのかも非常に興味のある問題だった。これが今回の取材を始めた動機だった。

冷戦終結の舞台裏を知る上で、その最大の立役者である旧ソビエトのミハイル・ゴルバチョフ元大統領の証言は欠かせないものだった。そのゴルバチョフがウクライナ危機にいち早く警鐘を鳴らし、ウラジーミル・プーチン大統領とバラク・オバマ大統領に早期解決を訴える手紙を書いたことがわかった。ゴルバチョフがウクライナ危機について発言したがっていると見て働きかけた結果、二〇一四年六月、私たちとのインタビュー取材に応じてくれることになった。

ゴルバチョフはこのとき八三歳。書記長就任からおよそ三〇年がたち、高齢で病気がちということもあり、風貌も以前とだいぶ変わっていた。しかし、インタビューは精力的で大胆でユーモアに富み、極めて率直なものだった。あの激動の時代の証言をぜひ後世に残しておきたいという気迫が感じられた。

また、ホワイトハウスの元報道官マーリン・フィッツウォーターら、「はじめに」で名を挙げた当時の欧米の政府高官たちも私たちの取材に応じてくれた。これに加えて、筆者(山内)は二〇一四年九月、日本の学者とジャーナリストの代表団の一員としてキエフとモスクワを訪問し、ウクライナ危機をフォローしている政治や経済などさまざまな分野の専門家あわせて一六人にインタビュー取材を行った。

こうした膨大な取材をもとにまとめたのがこの本である。

私たちとのインタビューでゴルバチョフが強調したのが、ウクライナ危機に揺れるいまこそ、東西冷戦の終結のプロセスに学ぶべきだということだった。なぜそうなのだろうか？　まずはウクライナ危機から話を始めることにしよう。

ゴルバチョフの手紙

二〇一四年二月七日。ロシア南部の保養地ソチで、ロシアで初めての冬季オリンピックが華やかに始まった。開幕を宣言したプーチン大統領は、この日、ソチでウクライナのビクトル・ヤヌコービッチ大統領と首脳会談を行った。ウクライナではヤヌコービッチの足元を揺るがす事態が起きていて、二人はその対策などを協議したと見られている。

ウクライナの首都キエフでは、大統領の退陣を求める大規模なデモや集会が続いていた。ヤヌコービッチがロシアの強い圧力を受けて、ＥＵ（ヨーロッパ連合）との連合協定の調印を土壇場で取りやめたことに、ヨーロッパへの統合を求める市民や野党勢力が抗議したのである。二〇一四年一月には、治安部隊との衝突で死者が出るようになっていたが、この段階ではまだウクライナ情勢は世界的な関心を集めてはいなかった。

このウクライナ危機の深刻さに気付き、いち早く警鐘を鳴らしたのがゴルバチョフだった。オリンピック開幕の半月も前の一月二三日、プーチン大統領とアメリカのオバマ大統領にあてて、ウクライナ情勢の悪化を警告する手紙を送ったのである。キエフのデモで死者が出た直後のことだった。

この手紙のなかでゴルバチョフは、ウクライナでの暴力や流血をとめる必要があるとして、当事者がただちに交渉のテーブルにつくように両首脳の協力を求めている。

「いま、非難の応酬が行われています。ウクライナ情勢の先鋭化の責任者探しがロシアや西側、ウクライナの当局や野党のなかで行われています。それは状況を複雑にするだけです。いまは犯人探しをしているときではありません。重要なことはもっとも危険なエスカレーションをとめることです。キエフの事件はウクライナだけではなく、隣国やヨーロッパ、全世界に脅威を与えていると見ざるをえません。

ウクライナ人同士が戦うことを許してはなりません。それは恐ろしくばかげたことです。しかし、両国の権威ある当局者の支援や協力がなければ、おそらく状況は悲惨な事態につながりかねないような性格を帯びていきます。プーチン大統領、オバマ大統領。ウクライナが平和な発展の道に戻るのを助けるため、私はあなた方に断固たる措置を取るよう要請します」（ゴルバチョフの手紙から）

「マッチ一本で大火事になってしまう」

ゴルバチョフは、なぜウクライナ危機に警鐘を鳴らす手紙を書いたのだろうか？　彼は一九九一年末、ソビエト連邦の崩壊とともに大統領を辞任した後も、内外の出来事について、世界に向けて積極的に発言や提言を続けていた。そして、私たちとのインタビューに対してその動機を次のように語った。

▼ゴルバチョフ（元ソビエト大統領）

「ウクライナでは危機的な状況が始まっていました。すでにその兆しはありましたが、本当に情勢が悪化していきました。当初はただ意見が対立しているだけでした。しかし、事態が大きくなり、武力衝突へと発展したのです。このままでは大変なことになる。そんな予感がしました。ウクライナは、マッチ一本で大火事になってしまう危険性をはらんでいます。問題が起きた瞬間にとめなければ、誰にもとめられなくなってしまうのです。もっとも影響力のある首脳が、一刻も早く解決に動かなければならないと考えました。それで私は手紙を書きました。一人の人間として書いたのです。私はオバマ大統領とプーチン大統領、それぞれに期待している、と。

しかし残念なことですが、私の期待はかなえられませんでした。私が懸念した通りに、いやその予測よりずっとひどい結末を招いてしまったのです」

ウクライナ危機に警告を発したゴルバチョフの手紙。そこにはウクライナ情勢を深く憂慮する彼の個人的な思いもつづられている。

「私はロシアの多くの人と同様、ウクライナでの出来事を非常に身近に受けとめています。これが国家や社会の分裂に至るようなことは想像もできません。ロシアとウクライナは何世紀にもわたって非常に近い関係でした。それは歴史的な結びつきだけではありません。国民の間の緊密な血縁関係もあります。その例を見つけるのは難しいことではありません。

私の家族も母親はウクライナ人で、父親はロシア人でした。なくなった私の妻ライサもウクライナ人でした。そうした例は何千とあります。私たちの国民、民族、国家間の血の結びつきについては、直接的に語ることができます」(ゴルバチョフの手紙から)

しかし、ゴルバチョフの手紙に対して、プーチンからもオバマからも回答はまったくなかった。

ミハイル・ゴルバチョフ

ウクライナとロシアの歴史的つながり

ウクライナは、ロシアとEUに挟まれた地政学的に重要な国である。人口は四五〇〇万人。旧ソビエト第二の大国で、一九九一年の連邦崩壊に伴って独立した。

この国を取り込もうと、ロシアとEUは熾烈《しれつ》な綱引きを繰り広げ、ウクライナも双方から利益を引き出そうとしたたかに振る舞ってきた。国内にはロシアからヨーロッパに天然ガスを送るパイプラインが伸びていて、ウクライナは輸送ルートとしても大きな役割を果たしている。

ウクライナは、ドニエプル川をはさんで、歴史や民族などの違いから西部と東部に大きく分かれている。西部はウクライナ語を話し、宗教はギリシャ・カトリック、穀倉地帯でヨーロッパと強い結びつきがある。一方東部はロシア語を話し、宗教はロシア正教、重工業地帯で、ロシアと密接な関係がある。二〇〇四年のEUとNATO（北大西洋条約機構）の東方拡大によって、ウクライナは西側と直接国境を接するようになり、ウクライナの分裂傾向はますます強まっていた。

ウクライナとロシアとの間には、歴史的に深い結びつきがある。九世紀から一三世紀にかけて、中世ヨーロッパにはキエフ・ルーシと呼ばれる大国があった。この国が現在のウクライナとロシアの共通の出発点となった。キエフ・ルーシが崩壊したあと、この一帯は他国に統治され、数百年にわたって独自の国を持つことはなかった。一方のロシアは、一七世紀に強大な帝国へと発展し、ウクライナの一部を支配するに至る。この時代のウクライナは、東側はロシア、西側はポーランドが統治していた。

東西に分かれるウクライナ

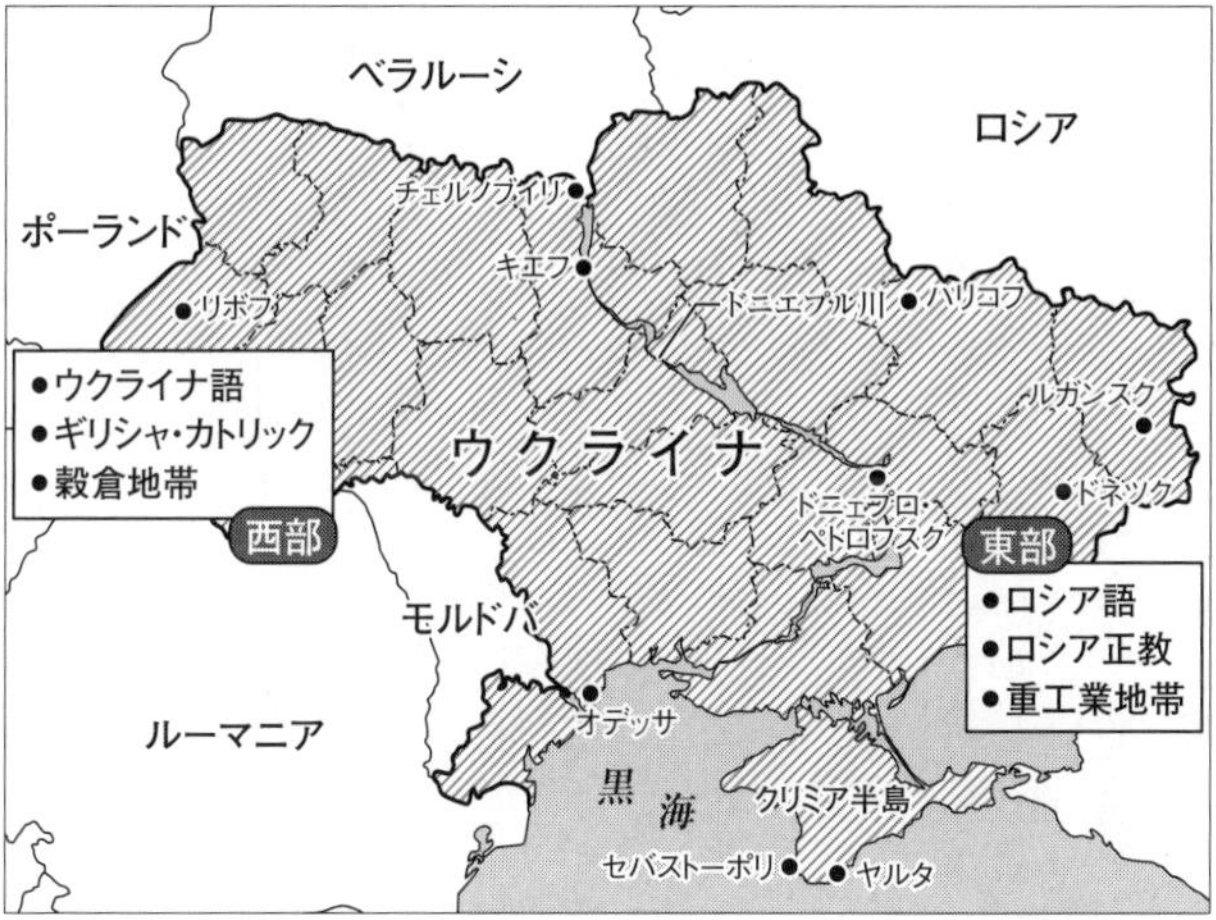

二〇世紀になると、社会主義のソビエト連邦が成立し、ロシアとウクライナは同じ連邦を構成する共和国となった。ゴルバチョフは、同じスラブ民族のウクライナとロシアとの関係がいかに分かち難いか、自らの体験をもとに語った。

▼ゴルバチョフ

「クリミアには多くのロシア人が暮らしています。ロシア人同士が引き裂かれたのです。家族は離れ離れになりました。私自身の家族もその一例です。私の母はウクライナ人です。妻のライサもウクライナ人です。ライサの叔父や叔母もウクライナに住んでいました。彼らを支援するためにお金も送っていました。ロシアとウクライナは多くの交流を持ち、非常に密接な関係にあります。それは一つの民族だからです」

しかし、ウクライナはソビエト政権下で過酷な運命をたどった。ヨシフ・スターリンによる強制的な農業集団化による二度の大飢饉《ききん》に見舞われ、ヨーロッパの穀倉地帯と言われたウクライナでも、数百万人が餓死するという悲惨な事態となった。また、第二次世界大戦ではナチスドイツの攻撃を受け、犠牲者は八〇〇万から一四〇〇万にものぼったとされている。一九八六年には、史上最悪のチェルノブイリ原発事故も起きている。

ソビエト時代の末期、ウクライナは連邦崩壊にも大きな役割を演じた。一九九一年八月、モスクワで保守派によるクーデターが起き、ゴルバチョフ大統領は休暇先のウクライナのクリミア半島の別荘に軟禁された。クーデターはわずか三日間で失敗し、ゴルバチョフは無事モスクワに戻ったが、国民からは冷ややかに迎えられた。

その四か月後、ウクライナは国民投票でソビエトからの独立を決定する。ロシアやベラルーシとともに、スラブ三国の独立国家共同体を樹立したのをきっかけにソビエトは崩壊。ゴルバチョフは大統領辞任を余儀なくされた。こうしてウクライナは念願の独立を果たし、ようやく自らの国家を持つことができたのである。

東西に揺れるウクライナ

しかし独立後のウクライナは、ロシアと欧米の熾烈なパワーゲームに巻き込まれることになる。二〇〇四年から翌〇五年にかけて、ウクライナがロシアとの関係を大きく転換させる出来事が起きた。「オレンジ革命」と呼ばれる民主化革命である。

そのきっかけは、ロシア寄りの与党候補ヤヌコービッチ首相と、欧米寄りの野党候補ビクトル・ユーシェンコが争った大統領選挙の決選投票だった。いったんはヤヌコービッチの当選が宣言されたが、大規模な不正があったとして、野党支持の市民らが連日数十万人規模の抗議デモを行う事態となった。こうしたなか、最高裁判所が異例の投票のやり直しを命じ、今度は野党のユーシェンコが逆転勝利を収めるという劇的な展開となったのである。

ロシアのプーチン大統領は、選挙戦のさなかにウクライナに乗り込み、ヤヌコービッチへの支持を訴えるなど露骨に介入したが、欧米寄りのユーシェンコの思いがけない勝利はプーチンに大きな打撃を与えるものだった。この一年前には、旧ソビエトのグルジアでも民主化革命が起き、欧米寄りの政権が誕生していた。プーチンは、グルジアに続いてウクライナも失ったかに見えた。

ウクライナの軍事専門家イーホル・スメシュコは、このオレンジ革命が、ロシアがウクライナに警戒心を抱くきっかけになったと指摘する。

「オレンジ革命はプーチンにとって大きな驚きであり、予想もできないことでした。プーチンにとって初めて、ロシアとウクライナの国民の違いがはっきりしました。ウクライナの民主化が進み、ＮＡＴＯが隣のウクライナの国境にまで近づいてくることが、大きな恐怖となったのです」

しかしウクライナでは、その後、革命を率いた指導者らの内部対立が起きる。オレンジ革命は挫折し、国民の期待は一転して大きな失望に変わった。

その混乱に乗じて、ロシアは反撃に出た。ウクライナに安く供給してきた天然ガスの価格を大幅に引き上げ、供給を停止するなど圧力をかけたのである。こうした経済混乱やオレンジ革命が挫折したことで、欧米寄りのユーシェンコは窮地に追い込まれ、二〇一〇年の大統領選挙では、オレンジ革命の際に敗れたロシア寄りのヤヌコービッチが当選した。

クリミア編入の「正義」

さて、ウクライナ危機は深刻で迅速な対応が必要だというゴルバチョフの警告は、その後、的中することになる。

ソチ・オリンピックのさなかの二〇一四年二月二二日、ウクライナの首都キエフ中心部の独立広場（マイダン）で、野党勢力と治安部隊との衝突がエスカレートし、大勢の犠牲者が出る事態となったのである。その後、野党勢力はキエフを制圧し、議会はヤヌコービッチ大統領を解任した。ヤヌコービッチは、これはクーデターだと非難する一方、首都キエフを脱出した。

その結果、ロシア寄りのヤヌコービッチ政権は崩壊し、代わって欧米寄りの暫定政権が誕生した。ロシアは、これを極右のファシストによる違法な国家クーデターであり、暫定政権は認めないと厳しい態度を取った。

政変の一か月後、今度はロシアが反撃に出た。ウクライナのクリミア半島をロシアに編入したのである。

なぜクリミアなのだろうか？　クリミアは住民の六割がロシア系で、もともとロシアの一部だった。クリミアの軍港セバストーポリは、帝政ロシア時代から黒海艦隊の基地である。またセバストーポリには、一八五〇年代に起きたクリミア戦争で戦死した大勢のロシア兵士の墓地があり、神聖な土地とみなされている。

しかしソビエト時代の一九五四年、当時の指導者ニキータ・フルシチョフ第一書記が、国内融和の象徴としてクリミアをウクライナ共和国に帰属変更した。これは当時、連邦内の行政区域の変更に過ぎなかったため、大きな問題とはならなかった。ところが連邦崩壊でウクライナが独立したことで、そのひずみが一気に噴き出すことになった。

二〇一四年三月、ロシアの圧力のもと、クリミアで住民投票が行われ、ロシアへの編入が圧倒的多数で可決された。これを受けてプーチン大統領は、クリミアのロシア編入を認めると発表した。プーチンは次のように述べている。「クリミアとセバストーポリは、一九五四年にウクライナに移されました。しかし、ロシアの固有の領土であることは揺るぎのない事実です」。

欧米諸国は、ロシアのクリミア編入は他国の領土を力で奪い取ったもので、明らかな国際法違反だと強く批判している。かつてソビエト連邦の同じ共和国だったとはいえ、いまではウクライナは独立国家である。そしてウクライナの憲法では、領土を変更するには国民投票による議決が必要と定められている。それを国民投票もなしに、一方的に力でクリミアを編入するのは戦後の秩序に対する挑戦だというのが、欧米諸国の主張である。日本政府も、クリミア編入は国際法違反で認められないと、欧米と共同歩調を取っている。

これに対してゴルバチョフは、クリミア編入はフルシチョフが犯した歴史的な過ちをただしたもので、ロシアが取った措置は正しいという立場を強調した。

▼ゴルバチョフ

「私の立場ははっきりしています。ほんの一時期を除いて、クリミアは一度もウクライナの領土ではありませんでした。この土地と港を守るために、どれほど多くの皇帝や海軍兵や農民たちが戦い、犠牲をはらってきたことでしょう。

私は本当はフルシチョフ第一書記をたいへん尊敬しています。彼は国際関係を改善しようとさまざまなことを行いました。このままではいけないと考えていたのです。とはいえ、試みだけで終わってしまいました。

彼はウクライナの人々の歓心を買いたかったのではないかと私は考えています。彼がウクライナで働いていたことがあるということもありますが、そうすれば、彼の名が人々の記憶に刻まれることになったでしょうからね。結局ロシアでは、その考えは受け入れられませんでした。彼は今日のような展開を考えもしなかったでしょう。しかし、事実は異なりました。クリミアには多くのロシア人が暮らしています。

クリミアの編入、併合についてですが、住民が皆ロシア人なのに『併合』などと言えるでしょうか?　クリミアは三〇〇年にわたってロシアの領土なのですから。これは編入なのでしょうか?　いいえ、違います」

マレーシア航空機撃墜事件

ロシア寄りの政権の崩壊で始まったウクライナ危機は、ロシアによるクリミア編入を経て、ウクライナ東部の戦闘へと拡大・長期化していく。

クリミア編入後の四月初め、ロシアと国境を接するウクライナ東部のドネツク州とルガンスク州でも独立の動きが表面化した。親ロシア派のデモ隊が政府庁舎などを次々に占拠し、それぞれが人民共和国を宣言、ウクライナからの分離独立の是非を問う住民投票を強行したのである。プーチン大統領は延期を呼び掛けたが、投票は実施され、圧倒的多数で分離独立が承認された。

しかしプーチン政権は、クリミアとは異なり、東部二州のロシアへの編入や独立国家として承認するようなことはしなかった。ウクライナ政府もクリミアでは軍事作戦を行わなかったが、東部では親ロシア派への攻撃に踏み切り、激しい戦闘となった。

五月二五日、ウクライナで大統領選挙が行われ、親欧米派の財閥のペトロ・ポロシェンコが過半数の五五%を獲得し、第一回投票で圧勝した。ポロシェンコは親ロシア派に対して停戦を呼びかける一方、東部に軍を投入し、親ロシア派の制圧に乗り出した。

こうしたなかで大きな転機になったのが、七月一七日、東部の親ロシア派の支配地域の上空でマレーシア航空機が撃墜され、乗っていた乗客乗員二九八人全員が死亡した事件である。

ウクライナ政府は、親ロシア派がウクライナ軍機と誤って撃墜したとする親ロシア派内部の会話の記録を公表するなど、親ロシア派の犯行だと主張した。アメリカも親ロシア派がロシア製の地対空ミサイルを使って撃墜したとして、親ロシア派とそれを支援するロシアを厳しく批判した。

これに対して、親ロシア派とロシアは、撃墜したのはウクライナ軍だと反論している。しかし、ロシアの著名な軍事専門家パーベル・フェリゲンガウエルは、筆者（山内）の取材に対して親ロシア派の犯行の可能性が強いという見方を示した。

「これは過ちでした。誰も意図的に民間機を撃墜しようとは思いませんでした。おそらく親ロシア派が、ロシアの技術支援を受けたブク（Ｂｕｋ）という地対空ミサイルを使ってやったことだと思います。

ウクライナ軍の輸送機を撃墜しようと思ったのです。当時、ロシア国境と親ロシア派との間に、ウクライナ軍の一部が挟まれるという状況になっていて、ウクライナ軍が輸送機二機を飛ばして落下傘で物資を落としていました。親ロシア派はそれをとめようとしてブクを撃ったのです。

ウクライナ軍がやったとすれば、軍事的に差し迫った状況にはなかったため、わざと撃ち落とすということしか考えられませんが、あまりそういう可能性はないと思います。ロシアはすべてを否定する立場に回りました。カティンの森の虐殺事件（第二次世界大戦中に大勢のポーランド人捕虜がソビエト軍に虐殺された事件）などと同じように、いつまでも否定し続けるということになるかもしれません」

この事件をきっかけに、ウクライナ危機は、地域的な紛争からグローバルな紛争へと発展した。撃墜された民間機には、オランダやマレーシアなどヨーロッパやアジアの多くの人が乗っていたからだ。

とりわけ重要なのは、ロシアに対して制裁に慎重だったEU諸国が、ロシアに厳しい態度を取るようになったことである。EUはロシアと経済的なつながりが深く、天然ガスなどをロシアに頼っていただけに、ロシアに対する制裁にはそれまで慎重な姿勢だった。しかし、事件を機にEUはアメリカと同一歩調を取り、金融やエネルギーなどの分野で厳しい制裁措置を取り始めた。アメリカとEUを分断しようとしてきたロシアにとっては、これが大きな打撃となった。

長期化するウクライナ危機

マレーシア航空機撃墜事件のあと、ウクライナ政府は東部の親ロシア派に対する軍事攻撃を強めた。親ロシア派の拠点を次々に奪還し、戦況はウクライナ政府側の優位に傾いた。これに対して、ロシアは親ロシア派への支援を強化した。国境を越えてロシアの大勢の義勇兵がウクライナ領内に入り込み、大量の兵器が親ロシア派に供与されたことで、劣勢の親ロシア派は一気に巻き返した。

その結果、九月五日、ウクライナ政府と親ロシア派は停戦に合意した。ウクライナのポロシェンコ大統領は、ロシア軍の介入によって親ロシア派の制圧が不可能になったと判断し、停戦に動いたと見られている。

前述したロシアの軍事専門家フェリゲンガウエルは、次のように語る。

「戦争はすでに終わり、停戦はしばらく続くでしょう。しかし、局地的な戦闘がないとは限りません。今後は、政治的、軍事的な圧力が続くという局面に入ると思います。ロシアが始めた大規模な軍事作戦は限定的なものでした。目的は軍事的な状況をバランスのとれたものにすることです。ロシアは停戦に持ち込むだけの兵力に抑えました。ウクライナ側は、勝利は不可能だということを納得させられました。

ロシアはウクライナ東部で親ロシア派が敗北することを許さないでしょう。ロシアはウクライナより力が強く、親ロシア派もロシアの支援なしにはウクライナに対抗できないことを納得させられました。ロシアは、軍事作戦の目的として、ウクライナ全体の占領を考えたことはありませんでした」

同じロシアの外交専門家フョードル・ルキヤノフも次のように述べる。

「ウクライナ東部の親ロシア派は決して負けません。ポロシェンコ大統領は、当初、このことを理解できませんでした。ウクライナが武力によって東部で勝利することをロシアが許さないことを、ウクライナがこの戦争に勝つはずがないということを、ウクライナ側はわかっていなかったのです。もし負ければ、ロシアにとっては大敗北です。それはロシアが許せないことです」

その後、状況はより深刻になっている。九月に停戦で合意したものの、その後も戦闘は続き、二〇一五年一月には最悪の事態となった。ロシアがふたたび軍事支援を強化し、親ロシア派が攻勢を強めたのである。その背景には、支配地域を拡大し、有利な立場で停戦交渉に臨もうとする狙いがあると見られる。

こうしたなか、二月、調停役のフランスとドイツの両首脳、ロシアのプーチン大統領、ウクライナのポロシェンコ大統領が首脳会談を行った。一六時間にわたる異例のマラソン会談の結果、二月一五日からの停戦と重火器撤去で合意した。

しかし、停戦ラインとウクライナ東部に特別の地位を与えるかという問題では合意できず、先送りにされた。停戦ラインをめぐっては、ウクライナ政府が前年九月の停戦合意時点の線引きを主張しているのに対して、親ロシア派はその後に拡大した支配地域を停戦ラインにすることを主張し、対立したままだ。

犠牲者は、戦闘開始以来五三〇〇人に上る。新たな停戦合意が守られるのか、停戦ラインや東部の特別な地位の問題で合意できるのか、予断を許さない状況だ。

ウクライナが受けた打撃

今回のウクライナ危機は、ウクライナとロシアにどのような影響を与えたのだろうか?

ウクライナでは経済危機が深刻化している。二〇一四年の経済状況について、ウクライナ中央銀行はGDP（国内総生産）はマイナス七・五%に落ち込むという厳しい見通しを示している。クリミア編入や東部の戦闘が引き金になって、全面的な金融危機が起きているという。国防費の増大や債務の返済も重荷となり、債務不履行に陥る恐れも高まっている。また、物価高やロシアからの天然ガスの供給停止で、国民は苦しい生活を強いられている。

東部のドネツク州などの重工業地帯では、戦闘で工場や道路などのインフラが大きな被害を受けている。ウクライナ元首相のアナトリー・キナフは次のように語る。

「ウクライナ経済は大きな打撃を受け、ドンバス（ドネツク州とルガンスク州）ではほと

ウクライナ情勢をめぐる主な動き

2005年	1月	ウクライナ大統領選挙にて、抗議デモ（オレンジ革命）による再投票を経て、親欧米派のユーシェンコが就任。
	5月	ロシアのガスプロム社が、ウクライナ政府とのガス価格交渉において、それまでの3倍以上になる料金を提示する。
2010年	2月	ウクライナ大統領選挙にて、親ロシア派のヤヌコービッチが当選。
2013年	11月	ヤヌコービッチ大統領がＥＵとの連合協定を拒否、首都キエフで抗議活動が発生する。
2014年	1月	デモ隊が10万人を突破、治安部隊との衝突で初の死者が出る。
	2月	7日、ソチ・オリンピックが開幕。欧米各国の首脳が開会式への参加をボイコットする。
		22日、野党勢力がキエフを制圧、ヤヌコービッチ大統領を解任する（マイダン革命）。
		27日、欧米寄りの暫定政権が発足。
	3月	ウクライナ南部のクリミアで住民投票が実施され、圧倒的多数がロシアへの編入を支持。投票結果を受けて、プーチン大統領がクリミア編入を宣言。
	4月	ウクライナ東部のドネツク州やルガンスク州で、親ロシア派は人民共和国を宣言。住民投票で分離独立を承認。
	5月	ウクライナ大統領選挙にて、親欧米派のポロシェンコが当選。
	7月	17日、親ロシア派が支配するウクライナ東部にて、民間のマレーシア航空機が撃墜される。
		29日、ＥＵとアメリカ、ロシアへの大がかりな追加制裁を発表する。
	8月	ロシア、欧米からの農産物や食料品の輸入禁止措置を発表する。
	9月	ウクライナ政府と親ロシア派が停戦合意。
	10月	マイダン革命後初の議会選挙が実施され、親欧米派の政党が圧勝する。
2015年	2月	ウクライナ政府と親ロシア派がふたたび停戦合意。

んどのインフラが破壊されました。ドンバスはウクライナにとって非常に重要な役割を果たしています。ドネツク州とルガンスク州はGDPの一五％、外貨収入の二三％を占め、八〇〇万人以上が暮らしています。エネルギー・コンプレクス、機械製造業、製造業、化学産業、エネルギー産業が集中しています。ドンバスのインフラの回復には数年かかるでしょう」

ウクライナ商工会議所会頭のゲンナジー・チジコフも同じように述べる。

「ドネツクやルガンスクでは、多くの企業や工場が被害を受けるなど、かなり破壊が進んでいます。炭鉱だけでなく、橋、道路、鉄道などのインフラが破壊されています。中小企業のビジネス、ガソリンスタンド、商店、レストランは営業できない状態です。炭鉱は爆撃で破壊され、水が入ったりして復興には大きな資金が必要です。寒い冬が近づいています。石炭が必要ですが、炭鉱が破壊されているため、政府は海外から石炭を輸入し始めています。復興にはマーシャル・プラン（第二次世界大戦後にアメリカが行ったヨーロッパ経済復興援助計画）のようなものや、政府の特別基金が必要だと思います」

今回の危機は、ウクライナ国民の意識にも大きな変化を与えた。ロシアとウクライナは同じ民族、一つの国と言われていたのに、そのロシアから攻撃を受けたことで、ウクライナの人々はとても信じられないと大きなショックを受けているのだ。ウクライナの軍事専門家スメシュコは語る。

「ウクライナ軍には、敵と戦う気持ちは常にありました。しかし、ロシアが敵になることは予想できませんでした。心理的に考えられなかったのです。ウクライナのエリートが、ロシアが攻撃してくる可能性を国民に知らせなかったのは誤りでした。国民の半分はソビエト時代の良い思い出があります。一〇〇〇万人はロシア出身なのです。

今回のことはショックです。ウクライナの軍事ドクトリンにも、そうした戦略はありませんでした。今後は必ず変えます。変えるべきです。軍事ドクトリンだけでなく、プーチンに対する政策も」

タカ派のロシア国民

一方のロシアでは、今回のウクライナ危機はどう受け止められているのだろうか？

ロシアでは、今回の危機はウクライナを西側に引き込もうとするアメリカの陰謀であり、これを阻止しようとするプーチン大統領の対応は正当なものだと受け止められている。そして、長年ロシアの領土だったクリミアを武力衝突なしに奪還したことは、国民の熱狂的な支持を集めている。プーチンに批判的なリベラル派の専門家たちでさえ、編入は正義にかなったものだという見方を示している。

ロシアのラジオ局編集長アレクセイ・ベネジクトフは言う。

「ロシア国民の多くは、クリミア編入を支持しています。クリミア問題ではコンセンサスがあるのです。私は編入は正義にかなっていると思います。クリミアがロシアの一部であることは妥当なものです。確かに手続きは守られませんでした。住民投票は捏造《ねつぞう》されたものです。これがロシアに悪い影響を与えています。正義だと認めますが、結果についてはロシア国民として責任を取るつもりです」

ロシアの外交専門家ドミートリー・トレーニンも同じように考える。

「一般のロシア人は、クリミアはロシアの領土であり、不法な形でウクライナに置かれたと考えています。重要なのは、クリミアの大多数の人が、自分はロシアの国民だと考えていたことです。ロシア人の大多数にとって、編入は（手続き上は）不当なものかもしれませんが、正義にかなったものだということです」

一方でロシアは、欧米諸国から厳しい制裁を受け、国際社会で孤立化を深め、そのイメージを悪化させている。ロシア経済への影響は極めて深刻だ。国際的な原油価格の大幅な下落、ロシアの通貨ルーブルの急落にも見舞われ、経済状況は急激に悪化している。プーチン大統領は二〇一四年末の内外記者会見で「経済危機を克服するには最悪二年はかかる」という見通しを示した。物価高などで国民の生活にも影響が広がっている。

しかし国民の間では、クリミアを取り戻したこともあって、プーチンの支持率は八〇％を超え、欧米の制裁にも耐え抜こう、我慢しようという受け止め方が強いと、ロシアの世論調査研究所長ワレリー・フョードロフは指摘する。

「制裁が生活に影響し始めています。しかし、人々は物価が上がってもプーチンを批判せず、方向転換も求めていません。ロシアが独立した政策を実行していることへの対価だと思っているのです。ロシアは悪者にされているが、自分たちは正しく、アメリカと対立するだけの力がある。戦争を始めたのは相手側であり、ロシアは一貫した立場を貫くべきだと信じているのです。

一方、エリートは疲れ、制裁を厳しく受け止めています。これまでの計画や戦略がだいなしになると懸念しています。しかし、一般国民にはそういう気持ちはありません。もっと戦おう、と。この問題では、国民はタカ派、エリートはハト派だと言えます」

プーチンの読み違い

ウクライナ危機における大きな疑問は、国際的に強い非難を浴びることをわかっていながら、なぜロシアはウクライナに介入したのかということだろう。

反プーチンの立場をとる野党政治家ウラジーミル・ルイシコフは、ウクライナがＮＡＴ

O加盟の動きを強めたことへの強い警戒感、欧米が強くは反対しないだろうという読み違いがあったと指摘する。

「プーチンはなぜこうした行動をとったのか。私は地政学的な理由によるものだと考えます。戦略的なバランスをとることがプーチンの主な動機です。プーチンは、ソビエト崩壊後にウクライナが西側寄りの動きをしていることが、ロシアの国益への脅威と考えているのです。ウクライナとグルジアのNATO加盟は、プーチンが認めることのできない一線です。

ヤヌコービッチが逃げ出した際、キエフの新政権はEUやNATOに加盟する動きを示しました。このときプーチンは強硬路線を取り、ウクライナ東部の分離主義者を支持しました。これは地政学的な問題であり、ロシアはモスクワの影響から離れようとしている国に罰を与えているのです。

プーチンは、実質的に一四年間政治のトップにあり、欧米は非常に弱く、連帯して行動できないと見ていました。第一にオバマを過小評価し、たいへん弱く、本格的な行動はとれないと見ていました。第二にウクライナは破綻《はたん》国家で、抵抗できないと思っていました。彼は欧米とウクライナの対応を正しく評価できなかったのです」

ロシア経済への影響

ウクライナ東部の戦闘はどう見るべきだろうか。プーチンに批判的なラジオ局編集長のベネジクトフは、東部での戦闘はクリミア編入とは大きく異なり、プーチンにとって予想外の展開になっていると指摘する。

「クリミア編入はプーチンにとって、戦争もせず、兵士が死ぬこともなく、歴史的な正義を回復したことで大きな成功でした。しかし、ウクライナ東部はまったく別の話です。第一に、流血を伴う戦争であり、ロシアに死んだ兵士の棺《ひつぎ》が戻ってきています。第二に、ウクライナ国民が大統領の周りに団結しました。第三に、ロシアに反対して西側先進国がまとまりました。結果的にNATOが強くなり、軍事予算が増えました。スウェーデンやフィンランドがNATOに加盟するかもしれないという状況です。ウクライナ東部の事件は、内政的にも必ずしも成功とは言えません」

また、経済状況が悪化するロシアにとって、クリミア編入が大きな重荷になるだろうと、反プーチンの野党政治家ルイシコフは指摘する。

「経済的な理由からもロシアの行動に反対です。ロシアの負担が多くなります。すでにアブハジア、南オセチア、沿ドニエストルに資金を出しています。ベラルーシもロシアの金で動いています。二〇年間で四〇～五〇億ドルを出しています。クリミア、ドネツク、ルガンスクも同じことになります。キルギス、タジキスタンへの支援もあります。ロシアの軍事費もとても高く、世界で第五位です。こうした帝国維持の負担や未承認国家への負担は、毎年一八〇億ドルにのぼっています。今後、ドネツク、ルガンスク、クリミアへの負担は増えることになります。

さらに欧米の制裁があります。二〇一四年は一〇〇〇億ドルの資本逃避がありましたが、資本の流出も増えるでしょう。外国からの投資も低調です。誰も戦争をしている国、制裁の対象となっている国に投資したいとは思いません。通貨ルーブルも安くなっています」

冷戦終結後、最大の危機

ウクライナ危機は冷戦終結後、最大の危機と言われ、世界の秩序に大きな影響を与えている。この危機を解決するにはどうしたらよいのだろうか?

ウクライナ危機の深刻さは、これがウクライナ国内の対立にとどまらず、ロシアや欧米諸国を巻き込んだグローバルな対立だということにある。

欧米諸国は次のように主張する。ロシアによるクリミア編入やウクライナ東部への介入は、主権の尊重や領土保全、内政不干渉などを定めた国際法の明らかな違反である。また、ヨーロッパの戦後国境の不可侵と領土保全で合意した、一九七五年の全欧安保協力会議

（ＣＳＣＥ）首脳会議のヘルシンキ宣言にも違反するものでもある。ロシアの行動は、戦後の国際秩序を覆すものであり、容認できない。

しかし、ロシアが近い将来、クリミアを返還するとは思えず、歩み寄りの動きも見られない。アメリカとロシアとの対立は、当分続くのは避けられない見通しだ。ウクライナ危機をめぐって、プーチンとオバマの両首脳は非難の応酬をするだけで、直接会談することはほとんどない。ロシアとウクライナの調停をしているのはドイツとフランスで、アメリカは参加していない。

さらに重大なのは、米ロの対立が、ウクライナ危機だけにとどまらないということである。冷戦終結後、ロシアは国力が弱体化する一方、アメリカは一極支配を強めた。アメリカの同時多発テロ事件で、ロシアはアメリカのテロとの戦いに協力したが、その見返りはなく、ロシアは不満を強めた。その後、アメリカはロシアなどの反対を押し切って、一方的にイラク戦争に踏み切った。また、ロシアの反対を無視してＮＡＴＯを東に拡大している。ウクライナ危機をめぐる米ロの対立の背景には、こうした冷戦後の長年の対立があるだけに、両国が歩み寄るのは簡単ではない。

しかも、ウクライナ危機はアメリカが弱体化し、中国が急速に台頭してきているなかで起きている。弱体化するアメリカが現状を維持しようとしているのに対して、中国とロシアは現状を変えようと激しく対立しているのだ。冷戦後の国際情勢は、大きな転機にさしかかっていると言える。

かつて米ソの核軍縮やドイツ統一問題に取り組んだゴルバチョフは、ウクライナ危機は自らが体験した冷戦時代の東西対立と重なる構造があると見る。私たちとのインタビューにおいても、かつて米ソの指導者らが冷戦の終結に向けていかに取り組んだのかを学ぶべきだと強調した。

▼ゴルバチョフ

「この危機を軽く見てはいけません。この危機は領土、軍事、貿易などすべての問題にかかわっているのです。極めて深刻な危機です。ですから、トップレベルの指導者が介入してこの問題を解決すべきだと私は提案しているのです。

新たな境界線が生まれていることを私は懸念しています。考え方の違いが生み出す壁です。そうした壁を作ってはいけません。

私は拳や爆弾、つまり暴力で何かを解決できるとは思っていないのです。核兵器は何も解決しません。平和の役には立ちません。核戦争になったらどうするのでしょう。私はいま、ドイツの統一をきっかけに世界が協力し合ったあの時代に学ぶべきだと考えています」

次の章からは、当時、いま以上に激しく対立していた米ソの首脳らがいかにして歩み寄り、冷戦終結に至ったのかを、ゴルバチョフやアメリカの元政府高官などの証言で見ていくことにする。

第二章 「対話」の始まり——ゴルバチョフ登場とジュネーブ会談

チェルネンコの死去を受け、ソビエト共産党書記長に就任したゴルバチョフ
(1985年3月、写真提供:AP/アフロ)

なぜ、いま冷戦終結を検証するのか

冷戦（冷たい戦争）とは、第二次世界大戦後のアメリカを中心とする西側諸国と、ソビエトを中心とする東側諸国との世界的な規模の対立のことである。両陣営は、軍事力や経済力だけではなく、資本主義と共産主義というイデオロギーの面でも対立した。とくに軍事力では、大量の核兵器を保有し、それぞれがＮＡＴＯやワルシャワ条約機構といった軍事機構を作って鋭く対峙《たいじ》した。

冷戦は、戦後の国際秩序を決めた一九四五年のヤルタ会談が起源とされ、その後、朝鮮戦争などによってグローバル化されていった。そして、一九八九年のベルリンの壁の崩壊から、一九九一年のソビエト崩壊にかけて終わったとされる。しかし、アジアの冷戦はまだ完全には終わっておらず、朝鮮半島などでは対立が続いている。

この冷戦の終結過程を見ていくことに、いま、どんな意味があるのだろうか？

冷戦とウクライナ危機には重なり合う対立構造があるが、大きく違う点がある。それはウクライナ危機とは違って、冷戦時代の末期、対立していた当事者のソビエトと欧米の首脳らは、歩み寄って冷戦を終わらせたことである。

また、ソビエトと欧米の首脳らは、公式の首脳会談だけでなく、晩餐会など非公式の折衝を重ねることで相互理解を深め、不信感を取り除いたことが、冷戦終結に至るプロセスで大きな意味を持ったことも、今回の取材によって明らかになった。
冷戦終結のプロセスを検証し、その教訓を学ぶ。そのことによって、ウクライナ危機を打開する糸口が見えてくるのではないだろうか。この章では、冷戦終結のプロセスがいかにして始まったのかを語ることにする。

ゴルバチョフ登場以前の冷戦関係年表

1945年	ヤルタ会談
1946年	チャーチルの「鉄のカーテン」演説
1949年	NATO（北大西洋条約機構）結成
1950年	朝鮮戦争
1955年	ワルシャワ条約機構結成
1956年	フルシチョフのスターリン批判
1962年	キューバ危機
1972年	第1回戦略兵器制限条約（SALT-1）締結
1979年	第2回戦略兵器制限条約（SALT-2）締結
	ソビエトのアフガニスタン侵攻
1981年	レーガンが大統領に就任
1983年	レーガンの「悪の帝国」演説
1985年	ゴルバチョフが書記長に就任

ゴルバチョフのデビュー

東西の冷戦は、ゴルバチョフの登場なしには終わらなかっただろう。そのゴルバチョフがソビエトの最高指導者に就任したのは一九八五年三月のことだった。病気で死去した古参のコンスタンチン・チェルネンコに代わって、五四歳の若さでソビエト共産党の書記長に選出されたのである。ソビエトにとっては、待ちに待った本格的な指導者の世代交代だった。

ソビエトでは「停滞の時代」と呼ばれ、一八年間にわたったレオニード・ブレジネフ政権のあとも、ユーリー・アンドロポフ、チェルネンコと高齢で病弱な指導者が続き、指導者の若返りが緊急の課題となっていた。そのソビエトに、若く健康で精力的な指導者がついに登場したのである。長老のアンドレイ・グロムイコ外相が「鉄の歯を持った男」と呼んだゴルバチョフに対して、国民は経済の立て直しや生活向上への大きな期待を寄せた。

ゴルバチョフは書記長就任後、ブレジネフ時代からの古参幹部を次々に解任するなど、人事に大ナタを振るった。なかでも、二八年間にわたってソビエト外交を取り仕切ってきたグロムイコ外相を国家元首の最高会議幹部会議長に棚上げし、グルジア共産党第一書記だった外交経験のないエドゥアルド・シェワルナゼを後任に抜擢《ばってき》したことは、世界中に大きな驚きを与えた。内政面では改革（ペレストロイカ）と情報公開（グラースノスチ）を打ち出し、停滞していたソビエトの政治や経済、社会のあらゆる分野での刷新や民主化を進める方針を明らかにした。

ゴルバチョフが硬直していたソビエトをどう変えていくのか、世界は大きな関心を持って見守った。そのゴルバチョフに対する評価に大きな影響を与えたのが、イギリスのマーガレット・サッチャー首相だった。サッチャーは前年の一二月、イギリスを訪問した当時政治局員で次の指導者と見られていたゴルバチョフと会談し、「彼となら一緒に仕事をできる」と述べたのである。そのことが欧米の首脳たちに大きな印象を与えていた。

そのゴルバチョフの事実上の外交デビューとなったのが、チェルネンコの葬儀だった。葬儀にはサッチャー首相だけでなく、西ドイツのヘルムート・コール首相、フランスのフランソア・ミッテラン大統領、そして、アメリカのジョージ・ブッシュ副大統領、中曽根《なかそね》康弘首相らの大物がそろって参列し、各国の関心の高さをうかがわせた。

アメリカから見たゴルバチョフ

当時のアメリカでは、ゴルバチョフの登場にさまざまな受け止め方があったという。私たちは、今回、当時の政府高官から直接証言を得ることに成功した。

かつてホワイトハウスの報道官を務めた、マーリン・フィッツウォーター。冷戦時代、われわれにはアメリカの自由と民主主義を東側諸国にも伝え広げる使命があったのだ――。そんな信念に裏付けられたフィッツウォーターの発言には、「正義のアメリカ」を背負ってきたという自負があふれていた。ゴルバチョフとレーガン、ブッシュとの首脳会談で報道官を務めたときは四〇代だった。

そのフィッツウォーターが証言する。

マーリン・フィッツウォーター

▼**フィッツウォーター**（元ホワイトハウス報道官）

「ゴルバチョフの就任後まもなく、ペレストロイカとグラースノスチが始まったことが耳に入りました。そのこと一つだけでも、ソビエトの外相が言っていたことや以前の指導者とはとてつもなく大きな違いでした。

第二にゴルバチョフの個性です。笑顔を絶やさず、楽観的な人物に見えました。私たちと話をする意思があり、アメリカについて知りたいと思っている人物であるように見えましたし、おそらく米ソ関係を変えようというものの見方を持っているようにも見えました。ゴルバチョフには西側の文化、西側世界とかかわっていこうという意思がありました。

こうした違いのすべてが目に見えていましたから、これはいままでとは違うタイプの指導者だと私たちも思うようになりました。それまでアメリカが交渉してきた指導者たちにはない個性があったのは間違いありません」

その一方で、アメリカ政府内にはゴルバチョフを警戒する意見も多かったという。かつて駐ソビエト大使を務めたジャック・マトロック。冷戦末期、アメリカ随一のソビエト通と言われたマトロックは、インタビュー当時八四歳。ロシア語に堪能で、ゴルバチョフとレーガンが初めて顔を合わせたジュネーブの首脳会談（一九八五年一一月）、それに次ぐレイキャビク首脳会談（一九八六年一〇月）の際には、大統領特別補佐官として同行している。その後は、駐ソビエト大使としてモスクワに駐在、冷戦終結に至る一連の米ソ首脳会談には常に顔を連ねていた。

マトロックは次のように指摘している。

▼**マトロック**（元アメリカ駐ソビエト大使）

「アメリカ政府内にも大きな議論がありました。ＣＩＡ（中央情報局）長官らは、ゴルバチョフは以前の指導者よりも大きな脅威だと思っていました。以前の指導者のような間違いは繰り返さないだろうし、もっと強力な指導者になるだろう、それに彼の目標はこれまでの指導者たちと変わりない、と。しかし、ソビエトをもっとよく知る私たちの分析は一致していて、『まだよくわからないが、ゴルバチョフはタイプの違った人間に思える。いままでとは違うやりかたを試せるチャンスを彼に与えよう』と言いました。

ジャック・マトロック

もちろん『一緒に仕事ができる男』という言い回しを最初に使ったのは、サッチャー首相です。なぜなら、書記長になる前にゴルバチョフはロンドンに行っていましたし、サッチャーとレーガンは政治的に非常に近く、とても良い友人でした。そのサッチャーが『彼は私たちと一緒に仕事ができる男』と言ったのです。サッチャーの意見はレーガンにとってとても重要でした。

前任者と比べたくさんの違いがありましたよ。直接知らなくてもわかる違いは若さでした。それに、はるかに良い教育を受けていましたし、前任者たちが彼くらいの年齢だったときに比べて、はるかにたくさんソビエトの外の世界を自分の目で見ていました。問題解決能力が高い、古いイデオロギーにべったりというわけではない、という評判がありました。

実際に会って見えてくる違いもありました。とても自信に満ちあふれていて、自分の信念がありました。ブレジネフの場合、書いてあることを読み上げるばかりでしたし、年老いるとともに短いセンテンスでしか話さず、しかも何もかも事前に用意されていました。しかし、ゴルバチョフは自分の信念を開陳しないにせよ、直接的に話しかけてきますし、ときおり長々と持論を述べることもあり、自分の話している内容をちゃんと知っていました」

戦後から続いてきた米ソ対立

第二次世界大戦後、米ソ間では冷戦が続いていたが、一九五三年にソビエトの独裁者スターリンが死去したことによって、雪解けムードが生まれた。後継者のフルシチョフはスターリン批判を行い、西側との「平和共存」を打ち出している。スターリン批判の衝撃は大きく、東ヨーロッパ諸国では反ソ暴動が起き、ソビエトはこれを武力で鎮圧した。また、同じ社会主義のソビエトと中国が激しく対立するようになった。

米ソは互いに大量の核兵器を保有して鋭く対峙し、一九六二年のキューバ危機では、全面核戦争の危機に直面した。一九七〇年代には緊張緩和（デタント）が進み、リチャード・ニクソン大統領やブレジネフ書記長が相互訪問し、戦略兵器制限条約（ＳＡＬＴ）が結ばれた。しかし一九七九年一二月、ソビエトがアフガニスタンに軍事侵攻したことをきっかけにして、アメリカがモスクワ・オリンピックをボイコットするなど、米ソ関係はふたたび緊張した。

一九八一年に就任したアメリカのロナルド・レーガン大統領は、ソビエトとの対決姿勢を打ち出した。ソビエトを「悪の帝国」と非難し、国防予算を大幅に増額。敵のミサイルを迎撃するSDI（戦略防衛構想、通称スターウォーズ計画）を推進し、「力による平和」と呼ばれる外交戦略を進めた。

レーガン政権は、ソビエトの強力な中距離ミサイルSS20の配備に対抗して、一九八四年から、最新型の中距離ミサイル・パーシングⅡを西ドイツなどへ配備し始めた。また一九八三年には、韓国の大韓航空機が、サハリン沖でソビエト軍機に撃墜される事件が起きている。米ソ関係はさらに悪化し、首脳会談も開けないような状態が続いた。

こうしたなか、書記長に就任したゴルバチョフは「新思考外交」と呼ばれる新しい外交理念を打ち出した。その主な内容は、核兵器の大幅削減など全人類的な利益をイデオロギーよりも優先すること、欧米諸国との関係を改善し、東ヨーロッパ諸国に対しても内政に干渉せず、主権を尊重するということなどである。

この「新思考外交」に基づき、ゴルバチョフはアメリカとの関係改善を求め、核兵器の大幅削減を行う意向を表明した。その背景には、核兵器の削減によって軍事費を減らし、破綻状態にあった経済を立て直すという狙いがあった。

マトロックは、ソビエトの軍事優先の経済制度そのものに大きな問題があったと指摘している。

▼マトロック

「ソビエト経済が悪化していることは、アメリカも知っていました。悪化の原因の一部は軍事費の使いすぎです。国民の生活水準も改善されず、不満がどんどんたまっていました。いろいろなところで不足が生じていました。

その原因の多くはシステムにありました。軍事費の使いすぎだけでなく、経済システム全体に問題があったのです。国民のための食糧や衣類、車といったものを調達するためではなく、できるだけ多くの銃や戦車、ミサイルを手に入れることが最優先課題とされていました。

軍拡競争は確かに両国にダメージを与えており、両国は必要以上の軍事費を使っていて、アメリカは費用をまかなえるが、ソビエトはまかなえていませんでした。ソビエトのほうが人口が多いのに、アメリカの四〇％程度の生産性しかありません。それなのにアメリカよりも多く軍事費を使っていたのです」

六年半ぶりの米ソ首脳会談へ

ゴルバチョフ政権の発足を受けて、一九八五年一一月、米ソの首脳会談が行われることになった。選ばれた場所はモスクワでもワシントンでもなく、第三国であるスイスのジュネーブ。スイスは冷戦時代を通じて東西陣営のどちらにも与《くみ》することなく、中立の立場を貫いてきた。なかでもジュネーブは、軍縮会議など多くの重要な国際会議が開かれる場となっていた。

米ソ首脳会談が開かれるのは、一九七九年にウィーンでジミー・カーター大統領とブレジネフ書記長がＳＡＬＴ２（第二次戦略兵器制限条約）に調印して以来、実に六年半ぶりのことであった。

ゴルバチョフは、このジュネーブ会談が冷戦終結プロセスの始まりになったとその意義を強調する。

▼**ゴルバチョフ**（元ソビエト大統領）

「冷戦はひとりでに終わるものではありません。何らかのプロセスが結果を生み出します。冷戦終結のプロセスを始めたのはわれわれでした。ソビエトで改革が行われ、情報公開や民主化が進められました。東ヨーロッパでも民主化が進んだのです。ジュネーブ会談もその一環でした」

ソビエト側は、極めて高い緊張感を持って会談の準備を進めていた。ゴルバチョフの書記長就任後、すべての海外訪問に立ち会い、外交儀礼を中心に首脳会談の準備を進めてきた、元ソビエト大統領儀典局長のウラジーミル・シェフチェンコが証言する。

「お互いに好印象を残し、相互理解を深めるということが唯一の課題でした。もちろん、緊張感は非常に高かった。レーガン本人とナンシー夫人も緊張していました。ゴルバチョフとライサ夫人も同様に心配していました。初対面ですから当たり前の話なのですが。当時、レーガンはすでに大統領として長く務めていましたが、私たちは彼のことをよく知りませんでした。レーガンの緊張感は、自分がどう振る舞うかだけでなく、ゴルバチョフがどういう答えをするか、その反応に対するものも含まれていました。彼は自分の国の偉大さを見せなければなりませんでしたが、私たちも小さな国ではないと、ソビエトの威信を示すことが必要だったのです」

会談に向けての準備は、晩餐会における夫人のドレス選びにまで及んだという。シェフチェンコが続ける。

「また、年齢差も忘れてはいけません。レーガンはゴルバチョフよりかなり年上でしたし、ナンシー夫人もライサ夫人よりかなり年上でした。ライサ夫人はゴルバチョフ同様、教育レベルの非常に高い人でした。彼女は社会学の専門家でしたし、ゴルバチョフの教育レベルもレーガンより高かったので、質問への反応がどういうものかがレーガンの緊張の原因だったのではと思います。

もう一つ、私の大事な課題は、ナンシー夫人とライサ夫人のドレスが同じにならないよう注意することでした。なぜなら、同じようなドレスでは笑いの種になるからです。このように、ナンシー夫人とライサ夫人の衣装合わせ、そして、ロシア料理に対する好き嫌いの確認と打ち合わせが、私の任務でした」

アメリカ側の思惑

一方のアメリカ側は、この会談にどう臨んだのだろうか？

五四歳のゴルバチョフに対して、レーガンは大統領就任からすでに五年目、七四歳になっていた。歴代大統領のなかでも強い力を示してきたレーガンだが、残された大統領の任期はあと三年あまり。任期のうちに、後世に残す外交成果を築き上げたいとの気持ちは強かったに違いない。その思いは、六年半ぶりの米ソ首脳会談実現への大きな原動力となっていた。

フィッツウォーターは、アメリカ側も対立するソビエトとの関係を変えようと、ゴルバチョフとの首脳会談に大きな期待を寄せていたことを明らかにした。

▼フィッツウォーター

「主な目的は、まずゴルバチョフという人物を知ること、彼の意図が何なのか、ソビエトの指導者として何をしたいと思っているのかを見極めることでした。これが中心となっていた目的ですが、レーガン大統領は、非公開の一対一の会談の機会を求めていました。どうして軍拡競争になっているのか、なぜ米ソは核兵器や軍拡競争に巨額の費用をつぎ込む必要があるのかといった質問を問いかけたいと思っていたのです。

ソビエトとアメリカは、第二次世界大戦以降、ずっと世界の二大超大国です。米ソが長年直面していた問題の中心は、民主主義と共産主義が協力し、ともに存在し続けるにはどうしたらよいのか、どうしたらどちらかがどちらかを飲み込めるのか、なぜお互いに戦わなければならないのか、といったことでした。

こうした問題が、米ソ関係を数十年にわたって支配していたのです。ですから、状況が変わるかもしれない、新しい関係を築けるかもしれないと思った最初のきっかけがこのときだったのです」

レーガンの考えていた「非公開の一対一の会談」が、ジュネーブでの目標となった。レーガンは、会談に際して周到な準備を重ねたという。ゴルバチョフの登場以来、その動向を見守ってきたマトロックは、自身を相手にしてレーガンが首脳会談のリハーサルをしていたと証言する。

▼マトロック

「会談前日にリハーサルをやってほしいと言われたのですが、それにはいくつか理由がありました。一つは、レーガン大統領が、通訳を介してスムーズに交渉できるようにすること。ロシアが相手の場合はロシア語の通訳を介しますから、その練習をしました。

それから、ＳＤＩの話についてもリハーサルしました。ゴルバチョフはパリでもＳＤＩの話をしていましたから、この話が出ると踏んだのです。その予想は当たって、会談でゴルバチョフがＳＤＩの話を始めると、レーガンは私のほうに目をやって、『この話なら聞いてるよ！』と言わんばかりに、ウインクしましたからね」

レーガン政権が提唱するＳＤＩは、ソビエト側が強く警戒を示すものだった（詳しくは

第三章）。しかも、交渉相手となるゴルバチョフがいかに切れ者でタフな相手であるかは、就任以来のさまざまな情報が指し示していた。お互いの位置取りを決定する初顔合わせは、レーガンにとって周到な準備を怠れない場だったのである。

ゴルバチョフにどう向き合うのか

マトロックにとっても、新しく登場した書記長の考えには、未知の部分が多くあったという。しかし、ゴルバチョフの就任以来の精力的な活動が、彼に豊富な情報をもたらしていた。

▼マトロック

「私はずいぶん助けられたところもあります。というのも、ジュネーブ会談の前にゴルバチョフはパリに行っていて、とりわけＳＤＩについてはテレビで何度か、なぜソビエトがそれに反対なのかを語っていましたから。こうした録画テープを使って、ＣＩＡと一緒にゴルバチョフの映像をすべて見て、彼には隠し事がないのだとわかりました。彼の振る舞いなどを見ていればわかるものです」

レーガンがどれほど積極的に会談の設計をしたのか。私たちの取材に対して、マトロックは多くを語ってくれた。

▼マトロック

「最初にゴルバチョフに会う前に、レーガン大統領は会談で達成したい目標をメモに書いて、そのメモのコピーを私たちに渡しました。そのときレーガンが最後に言ったことは、ゴルバチョフに必ず伝えなければならないのは、『アメリカは軍拡競争を望んでいない。軍拡に執着すれば、負けるのはソビエトだ』ということでした。

アメリカは、核戦争には勝者はいないのだから、核戦争はしてはいけないという原則についても交渉をしたいと思っていました。そうなれば、米ソが核戦争を行うことはありませんから。

ソビエトには『平和共存』という原則がありましたが、それはイデオロギーに則ったものでした。それに従えば、たとえば社会主義国が社会主義を放棄した場合、ソビエトはその国を侵略できるとするブレジネフ・ドクトリン（制限主権論）が許容されていました。アメリカとしては、そういう状態は受け入れることができません。

核戦争は許されない、したがって戦争も行わないという断固とした宣言は、イデオロギーに則ったものではありません。レーガン本人が始めたものです」

これに対して、ソビエト側もアメリカとの交渉に真剣に周到な準備をしていたことをうかがわせる。

ゴルバチョフ政権は、七月二日、ジュネーブ会談が一一月に開かれると発表したが、この日、同時に、「ミスター・ニェット（ノーを意味するロシア語）」と呼ばれ、対米強硬路線の象徴として知られたグロムイコ外相に代わって、外交経験のない若手のシェワルナゼを後任に抜擢した。シェワルナゼは七月末、アメリカのジョージ・シュルツ国務長官と外相会談を行い、国際舞台へのデビューを果たした。ゴルバチョフ政権の外交的な変化を内外に示すものだった。

一方が「悪の帝国」と呼び、一方が「軍拡競争を仕掛ける相手」と見てきた歴史。それを変えるための手立てを双方が手探りで模索していた。

ジュネーブ会談初日

いよいよ会談が始まった。首脳会談一日目。当初、ジュネーブ会談では双方が硬直した対応しかできず、関係改善や軍縮の合意に向けた具体的な進展は、期待できないと思われていた。事実、一五分の予定だった会談は一時間以上におよび、双方とも極端にイデオロギーで武装した討論のような雰囲気だったという。

ゴルバチョフは、レーガンとの最初の出会いは、互いに不信感に満ちたものだったと明らかにした。

▼ゴルバチョフ

「レーガン大統領とジュネーブで会って議論を交わしました。非常に複雑で難しい話し合いでした。第一ラウンドの協議を終えて外に出ると、レーガン大統領はどんな人物かと聞かれました。私はこう答えました。

『恐竜のような恐ろしい人です！』

レーガンも私について聞かれ、こう答えたそうです。

『典型的な共産主義者だ。ガチガチの共産主義者だ』

最初はこんなふうでした。一つ一つ乗り越えていかなければなりませんでした」


このときレーガンは、核兵器を五〇％削減することを提案し、同時にＳＤＩを進める考えを強調した。これに対してゴルバチョフは、ＳＤＩの開発や宇宙の軍事利用に強く反対した。米ソの溝は埋まることなく、対立の根深さを示す結果となった。

会談が難航したことについて、ゴルバチョフは次のように述べている。

▼ゴルバチョフ
「ジュネーブからどんなメッセージが発せられるのか、皆、非常に期待して待っていました。私はレーガン大統領にこう言いました。

『レーガンさん、最強の軍事力を誇り、世界をリードする二大国家の代表が顔を合わせていながら、何ひとつ合意できなければ意味がありません。ただ話をするのなら、別の人でもできます。私とあなたは、話し合って合意に達しなければなりません』

実は彼らは共同声明についても回避的で、迷っている様子でした」

アメリカ側の反応
対するアメリカ側の反応はどうだったのだろうか？ マトロックが証言する。

▼マトロック
「予想外のことではありませんでしたよ。こちらの提案を即座に受け入れてもらえると

は期待していませんでしたから。実際、ジュネーブ会談では大幅な軍縮の合意は得られないだろうとわかっていました。最初の目的は、米ソ両国を交渉にかかわらせること、長い目で見て交渉を行うことです。また、他の分野での合意を得ることでした」

レーガンとゴルバチョフは、この首脳会談で軍拡競争を終わらせるにはどうすればよいのか二人だけで話し合った。フィッツウォーターは、両首脳がジュネーブの山小屋で二人だけで会談して理解を深めたと、興味深いエピソードを語ってくれた。

▼フィッツウォーター

「ジュネーブで、レーガンは『シャレー(山小屋)に降りて行きましょう』と言いました。シャレーはすぐ近くにありました。外は寒かったので、部屋のなかでは暖炉が燃え盛っていたのですが、レーガンは『下に行って、世界について話し合いをしよう』と言い、実際そうしたのです!

シャレーにはレーガンとゴルバチョフの二人だけが行き、そこで話し合いが始まりました。レーガンが『この軍拡競争を終わりにしようではありませんか。軍拡競争にどんな重要な意味があるというのでしょう?』と言い、二人はこの問題について話し合い、軍拡はそれほど重要ではないだろうという結論に至ったのです。

レーガンは『戦いになれば、おそらく常にアメリカが勝利するでしょう。アメリカには膨大なお金があるし、富もありますからね』と言い、ゴルバチョフは『さあ、どうでしょうか』と言う。しかし二人とも、このときこの問題について考え始めたわけです。どうやって軍拡競争を終わらせたらよいのか、と。

こういう議論は、ゴルバチョフ以前のソビエト指導者が相手ではあり得ませんでした。ですから、人と人との外交というのは、国際問題においては非常に重要なのです。もし二人の指導者が仲良くなり、相手も同じことに関心があるのだと思えれば、一緒に仕事ができるのです」

転機をもたらした晩餐会

会談は難航していたが、両首脳の対立感情は変化していった。意外なことに、その役割を担ったのが晩餐会に代表される非公式の接触であった。レーガンの考えにあった「非公開の一対一の会談」である。ゴルバチョフやアメリカ側の元高官の証言からも、晩餐会が米ソの関係進展や冷戦終結に向けて大きな役割を果たしたことが明らかになった。

事実、転機が突然おとずれたのは、会談二日目の夜、レーガン、ゴルバチョフ両夫妻が出席した晩餐会の席だった。難航していた交渉を打開するため、ゴルバチョフ自らが指導力を発揮することを決意し、実際にその後、短時間で問題を解決したという。ゴルバチョフは当時の様子についてこう述べている。

▼ゴルバチョフ

「われわれの交渉は、遅々として進みませんでした。ですから本当に新しい風、新たな選択肢が必要でした。新たな視点で世界を見る必要がありました。あの大事件はこんな事実から生まれた産物なのです」

ソビエトを「悪の帝国」と見なしていたレーガンは、ゴルバチョフという新しい指導者を歓迎すべきか警戒すべきか、アメリカ政府内でも異なっていた見解を自分の眼で推し量る必要があった。一方のゴルバチョフも、レーガンがどのような交渉相手なのか測りかねていた。そうしてお互いに距離を取っている以上、公式会談の空気が張りつめたままであっても不思議ではない。

そこでアメリカ側は、親密さを感じさせる晩餐会を開きたいと考えた。フィッツウォーターやマトロックが振り返る。

▼フィッツウォーター

「ディナーというのは、二つの国がよりよい関係を求め、非公開の議論をするための定着したメカニズムだと思います。ご存知のように、二国間の公式会議では、大テーブルの片側に一つの国が陣取り、相手国が反対側に陣取ります。これは非常にフォーマルで形式的なやり方です。一方でディナーをともにする理由は、両国の指導者が隣同士に座って軽い世間話ができる機会になるからです。何が好きだとか、家族のこととか。ですから、ディナーというのは、国際外交の非常に重要な一部分となっているのです」

▼マトロック

「私たちは、お互いに交渉にかかわることに慣れてもらいたい、と思っていました。もちろん出席者が、ライバル国の代表としてではなく、人間同士として語り合う場として。そのために、社交的イベントやディナーはとても重要でした」

この晩餐会で、いったい何が起きたのだろうか？　両陣営の証言をもとに振り返ってみたい。

ナンシー夫人のアイデア

六年ぶりの米ソ首脳会談がジュネーブで開かれることになったとき、レーガンは、一九五五年に行われた戦後初の米ソ首脳会談を強く意識していた。このとき会場となったのもジュネーブであった。そして、アメリカ側の宿舎として使われたソシュール館という貴族の別荘は、実は一九五五年の首脳会談においても、アイゼンハワー大統領の宿舎として利用されていた。「レーガン大統領はアイゼンハワーに憧れていたから、どうしてもこのソシュール館を使いたいと強く希望したと聞いています」。そんな逸話を、現在のソシュール館の所有者が語っている。

レーガンとゴルバチョフが顔を合わせる晩餐会の会場となったのも、このソシュール館だった。ソシュール家は、多くの学者を世に送り出してきた由緒ある家系である。モンブラン初登頂の支援によってアルプスの近代登山の幕を開き、鉱物学や博物学にも業績のあった一七四〇年生まれのオラス・ド・ソシュール。また、その玄孫《やしゃご》にあたり一九世紀に言語学の分野で活躍、その後の構造主義の出発点ともなる研究で、新たな時代を切り開いたフェルディナント・ド・ソシュール。ジュネーブに代々続く学者一族の館が、冷戦終結への出発点となった。

▼マトロック

「この会談は第三国で開催されています。私たちの晩餐会場は借り物の別荘で、アメリカの持ち物ではありませんでした。売りに出されていた別荘で、誰も住んでいなかったのです」

アメリカ側には、ゴルバチョフをどのような料理で迎えたらよいのかという課題もあった。レーガン大統領のナンシー夫人は、晩餐会の料理にアイデアをめぐらしていたという。

▼マトロック

「レーガン夫人は、いつもメニューをしっかりと管理していました。通常はワシントンで、ですが。アメリカの名物はもちろんのこと、レーガン夫妻はカリフォルニア出身ですから、カリフォルニアのワインを使いましたし、食事はあまり重いものではありませんでした。一方、ロシアの伝統的な食事はアメリカより重めです。

ナンシーはコンソメで食事を始めるのが好きでした。そうしたことを含めてメニューは夫人が決めて、外交儀礼を行うオフィスが、大統領夫妻の承認を経てリストを管理していました。

基本的に大統領が出す食事や大統領に出すものは、アメリカから持って行きます。ワインの銘柄選びといったことは秘密事項です。なぜなら、テロリストに毒を入れられる、といった問題を招きかねないですから。そういったことに目配りするためのスタッフもいました。どこで手に入れたのか、とかね。ですから、基本的に食事はすべてアメリカから運ばれたものでした。ソビエトも書記長や大統領の食事の調達に関しては、同じようにしていたのは間違いありません」

特製のメニューが完成

私たちは今回、この晩餐会の料理を作った料理人に取材することができた。ジュネーブに住むシェフのアントニオ・ラヌッティ。この会談に先立って、ホワイトハウスからのオファーを受け、晩餐会の料理を担当することになっていた。

ラヌッティの生まれ故郷、イタリア中部アブルッツォ州の小さな村は「料理人の村」と呼ばれ、VIP専属の料理人を数多く生んでいるという。ラヌッティもドイツ、イギリス、スイスなど各国に請われて、VIP専属の料理人を務めてきた。後半生をスイスで過ごした女優オードリー・ヘップバーンの二度目の披露宴を担当したことも思い出だと語る。

彼の腕を高く評価したのが、当時、ソシュール館の主だったアガ・カーン公（アーガー・

ハーン四世)。イスラム教ニザール派の指導者だ。ハーバード大学出身で、アメリカにも太いパイプを持つ人物である。レーガン夫妻がジュネーブで良い料理人を探していたとき、アガ・カーン公がラヌッティを推薦した。レーガン夫妻は、普段どの国に行くにも専属の料理人を同行して、自分たちが食べる料理を作らせていたが、特別なディナーのときには、別に腕利きの料理人を頼んでいた。こうしたことからも、周到な準備を重ね、ゴルバチョフとのディナーに賭けようとするアメリカ側の決意が伝わってくる。

マトロックの言うように、レーガンの訪問団は、ほとんどの食材をアメリカで調達し運び込んでいた。しかしメニューを考えるなかで、一部の食材をスイスで調達することになったという。

ナンシー夫人は、ラヌッティの準備した多くのメニューを味見し、何か決め手が欲しいと考えをめぐらしていた。それは、お互いに歩み寄れない公式の首脳会談に並行するように、異例なほどぎりぎりまで進められていたという。

大事な晩餐会のメニューは、いかにして決められたのだろうか? ラヌッティがいきさつを語る。

「彼らのために仕事を始めてから、毎晩違ったものを作ったのです。一緒にメニューを決めて味見をしましょう、ということになっていました。四、五日たって、ナンシー夫人が望むメニューを選ぶことができました。メニューを決めたのは晩餐会の前日のことでした。おそらく、招待客のことを考えながら決めたのだと思います」

当初の予定になかったメニューが加わった。アメリカ風のロブスターを使った料理である。ラヌッティと多くのメニューを検討するなかで、ナンシー夫人が出したアイデアだった。アルプスに近い山国スイスのジュネーブで、あえて海の幸を使ったもてなしをする。それが、特別に取り寄せたロブスターであった。お互いの距離を縮めるために、アメリカ側からのサプライズとして用意した。かくして、ロブスター料理から始まる五品のコースが完成したのだった。

このときのディナーのメニューが残っている（別表）。この五品に加えて、ナンシー夫人が厳選したカリフォルニアワインが用意された。

- ロブスターのスフレ
- スプリーム・チキンのペリグー・ソース（フランスの都市名にちなむソース）添え
- エンダイブ（日本ではチコリと呼ぶ野菜）のサラダ
- チーズのムース アボカド添え
- 温かいレモンのスフレ ラズベリー・ソース添え

「一対一」での難問解決

お互いを近づける工夫を凝らしたディナーが、いよいよ始まった。参加者は最小限に絞られていた。ナンシー夫人がゴルバチョフの隣に座る。アメリカが用意した特別なロブスター料理。最初にテーブルに運ばれたのは、ロブスターのスフレだった。

レーガンとゴルバチョフは、打ち解けた様子で向き合った。建前の応酬ではなく、お互いに腹を割って話す機会を探っていた双方が、初めて歩み寄るチャンス。それは、この晩餐会の席で起こることになる。

会場の別室では、翌日行われる予定の共同声明の内容を詰めるために、両国の実務者が協議を進めていた。しかしこちらでの作業は、それまでの首脳会談の空気を反映して、お互いが譲らずに前に進まない困難な状況に陥っていた。

当時、マトロックも大統領補佐官としてその作業に参加していた。

▼マトロック

「米ソのチームは、翌日に両国首脳が調印する可能性がある共同声明の準備を、ディナーの席ではなく、別の部屋で進めていました。ディナーが終わるころ、米国の交渉チームのリーダーだった国務次官補がディナーの席にやってきて、同席するシュルツ国務長官に言ったのです。

『見てください。両国が言い争ったままです。合意できると思っていたことさえ合意できていません。このままでは、共同声明の準備ができるかどうかわかりません』
続けてシュルツが、ゴルバチョフとレーガンに向かって『書記長、貴国の方々が宣言を足止めさせています。一つでも合意するには……』と言いかけたときでした」

同じ場面の様子をゴルバチョフも語っている。

▼ゴルバチョフ
「面白い場面がありました。晩餐会でのことです。アメリカ側のやり方は非常に簡素で、ごく内輪だけでの集まりでした。

そこでいきなりシュルツ国務長官が言い出したのです。

『大統領、われわれの協議の状態を見てください。首脳レベルの協議なんですよ。それなのに、これだけのメンバーが集まってずっと話し合っていますが、何ひとつ決められません。われわれは協議をしても何もできなかったことになります！』

そこでレーガンがこう言ったのです。

『じゃあ皆さん、一緒にテーブルを叩きましょう。はい、では一緒に！』

しかし、私の近くにはテーブルがなくピアノがありました。それで『はい、叩きましょう』と言って私もピアノを叩きました。そして私は、ソビエト側からの問題点をチェックすると約束したのです」

レーガンが机を叩き、それに答えるようにゴルバチョフがピアノを叩く。それは、共同声明を前に進めようという合意を示す合図となった。

ソビエトの交渉担当者を問い詰めたゴルバチョフは、自身の回想録で「すべては文言についての論争に帰着することがわかった。この難問はとり除かれた」と記し、こうした官僚主義がソビエトを蝕《むしば》む弊害となっていたと批判的に語っている。「十五分ですべての『難問』は解決した。(……)これがわが国の外交のスタイルだったのだ。要は不屈を誇示することだ。厳しさのための厳しさ。政治的考慮にも、実際的考慮にももとづかぬ頑固と自負」と書かれている(工藤精一郎・鈴木康雄訳『ゴルバチョフ回想録』新潮社、下巻二四頁)。実務を優先せず、会議の成果さえ後回しにして建前にこだわり、細部の詰めができないというソビエトが抱える問題点。官僚制が持つ、現実の状況を顧みようとしない弊害を強く指摘している。

▼マトロック

「ゴルバチョフが言いました。『私がなんとかしよう、五分で解決する』と。ディナーが終わると、彼はソビエト・チームのところへ行きました。たぶん、こんなふうに言ったんじゃないかと思います。『何のための会談だと思ってるんだ？』『いえ、小さなことなんですが、別の指示がありまして……』『ナンセンスだ！　さっさと進めて、調印をしよう！』と」

「二人の関係が急に変わった」

以上のように、両首脳が歩み寄る契機は晩餐会にあったのである。フィッツウォーターも次のように振り返っている。

▼フィッツウォーター

「このとき二人の関係が急に変わった、という認識があったと思います。同じ物事を大切に思い、人生を大切に考え、家族を大切に思っているのだ、という人間的な関係ができたことで、議論をもっと楽に進められる土台ができたのです。その瞬間にゴルバチョフに対するレーガン大統領の態度が変わりました。きっと逆もそうだったのではないかと私は

ジュネーブの晩餐会で歩み寄ったレーガンとゴルバチョフ

思います」

ここに一枚の写真が残っている。ソシュールの館で開かれた晩餐会で、米ソ首脳の姿をとらえたものだ。会談初日の苦渋に満ち、希望を見いだせなかった両首脳の姿と打って変わり、打ち解けくつろいだ姿が写されている。公式会談では歩み寄ることのできなかった二人の首脳が、この晩餐会で大きく近づいたことを示している。

「核戦争に勝者はない」

翌日の最終日。六年半ぶりの米ソ首脳会談を終え、レーガンとゴルバチョフは、ともに笑顔で共同記者会見を行った。双方は次のようなスピーチを残している。

▼レーガン大統領（当時）

「ジュネーブに来る前、私は米ソの理解を深めたいと考えていました。そのプロセスには打ち解けた会話が必要でした。その結果、ゴルバチョフ書記長との間の相互理解が深まったと思います」

▼ゴルバチョフ書記長（当時）

「アメリカは、この問題に誠実に向き合うという姿勢を示しました。われわれはジュネーブの軍縮交渉を今後も続けることを約束しました」

首脳会談の結果、両国は重要な原則で合意した。核戦争に勝者はなく、核戦争は決して戦われてはならないこと、そして双方は軍事的な優位を求めないということで一致したのである。ゴルバチョフが回想する。

▼ゴルバチョフ

「たいへん重要な項目を含む共同声明を締結しました。そのうちの二つの項目だけ、ここで触れましょう。こう記載されたのです。

『核戦争は決して許されるものではなく、核戦争において勝利するものはない』

世界の核兵器の九五％を保有する二つの国がそう発表したのです。お尋ねしますが、広島と長崎は忘れられてしまったのでしょうか？　われわれは日本のこの二つの都市のことは常に頭にありました。非常に重要な会談だったと思います。

共同声明にはもう一つ、大事な項目があります。忘れられがちですが、私の目の黒いうちは思い出させますよ。こう記されています。

『われわれは軍事的優位を目指さないことで一致した』と」

マトロックは、以前からソビエトが好んで使った「平和共存」という教条的な言葉を使わずに、米ソの核兵器を五〇％削減することでも基本合意したことについては、レーガンが削減を提案し、ゴルバチョフがそれを基本的に受け入れたことを明らかにした。

▼マトロック

「レーガンは戦略核兵器について新しい提案を行い、いくらか議論が行われましたが、ゴルバチョフが『すばらしい、全部受け入れよう！』と言うとは期待していませんでした。

提案は前進するための一歩でしたが、ゴルバチョフはいくつか注文をつけ、それから核兵器を五〇％削減するという全体的な合意に至りました。

それは非常に画期的なことでした。なぜならカーター大統領時代に行われた最後の大型交渉の席で、アメリカが核兵器を三分の一に削減する提案を行ったところ、ソビエトは『多すぎる』と言っていたのですから。

ところがレーガンが五〇％削減を提案し、ゴルバチョフはこれを受け入れました。もちろんソビエト側は、たくさんの質問を投げかけてきました。『あらゆるタイプの兵器が対象ですか？　査察を行うということですか？』などなど。決めなければならないことはたくさんありました。しかし、あれは実に画期的な出来事でした。

また、核戦争に勝者はないという合意をソビエトが受け入れたことがうれしかったです。彼らが受け入れるかどうか事前にはわからなかったのですが、『平和共存』という文言なしに受け入れてくれました。それはうれしい驚きでした」

冷戦終結のプロセスが始まる

揺れ動いてきた米ソ関係のなかで、六年半ぶりに開かれた両国の首脳会談。レーガンとゴルバチョフは互いにしっかりと向き合うことで、対立軸を平行線のまま終わらせず、アメリカとソビエトの関係を一歩前進させた。このとき、ゴルバチョフがアメリカを訪れ、レーガンもソビエトを訪問するという、首脳の相互交流でも合意している。マトロックはその意義を強調する。

▼マトロック

「重要なのは、米ソ首脳が会い、互いに礼儀正しく、互いを交渉相手として認め合ったことです。レーガンにとっては、ゴルバチョフが翌年に米国を訪問し、その翌年にお返しとして、レーガンがモスクワを訪問することに合意したことが、とても重要でした」

ゴルバチョフが、私たちとのインタビューでもっとも熱く語ったのが、このジュネーブ会談についてだった。対立関係に何とか突破口を開こうと必死になっていただけに、この会談への思い入れがひときわ強かったことをうかがわせている。回想録のなかでも、この会談を「米ソ関係の転換の第一歩」と位置づけている。

この初顔合わせの会談で、レーガンとゴルバチョフは互いに「一緒に仕事ができる男」であることを確認したに違いない。ここに冷戦終結へのプロセスが始まったのである。

しかし、そこで示された抽象的な相互の理解と、その後に行われていく具体的な交渉との間には、大きな違いがあった。米ソ間の核をめぐる対立は根深く、その後の会談では、基本合意をしたはずの問題で非難の応酬を行うという限界にも直面する。

だが、米ソの二極が明確なイニシアチブを取ることのできたこの時代は、ふたたび「対立」に立ち戻るのではなく、「違った答え」を探し出そうとすることがまだ可能だった。冷戦終結に向けて模索する様子を次の章で続けて見ていきたい。

第三章　突破口となった「決裂」――レイキャビクとワシントン

ワシントン会談でのINF全廃条約の調印後、夫人とともに姿を見せる米ソ首脳（1987年12月、写真提供：AP/アフロ）

ジュネーブ会談後の展開

レーガンとゴルバチョフは、ジュネーブ会談で核軍縮の必要性について一致し、個人的な関係においても一歩近づいた。

これを受けて、二人は核軍縮を具体的に進めようとするが、順調にはいかなかった。ジュネーブの次のレイキャビク会談は、「決裂」という思わぬ事態となったのである。しかし、それがかえって真の核軍縮への扉を開くことになり、歴史的な核削減の合意を達成することになる。

この章では、決裂したレイキャビク首脳会談での攻防、ゴルバチョフのワシントン訪問の舞台裏に迫りたい。対立する米ソ首脳が率直に議論を戦わせたことで、どこに問題点があるのかが明らかになり、真の核削減に至った。対立しても、首脳同士が真っ向から向き合い、率直な議論を通じて合意をまとめる。これは、いまのウクライナ危機にも通じる教訓ではないだろうか。

ゴルバチョフの核廃絶提案

ジュネーブ会談後の一九八六年二月、ゴルバチョフは書記長就任後初のソビエト共産党大会を開いた。停滞したブレジネフ時代との決別を宣言し、ペレストロイカや社会発展計画の加速化を打ち出した。

しかし経済改革は思うように進まず、保守派の抵抗も出始めた。最悪だったのは、四月にウクライナのチェルノブイリ原発で大規模な放射能漏れ事故が起きたことだ。この際、秘密主義の壁に阻まれ、対応や情報公開が遅れたことが内外から強い批判を浴び、ゴルバチョフにとって大きな痛手となった。

一方、核軍縮でゴルバチョフは積極的な攻勢に出た。前年のジュネーブ会談で核兵器の大幅削減で基本合意したのを受けて、一月には二〇〇〇年までに核兵器を廃絶するという壮大な提案を行った。核軍縮のステップを三つの段階に分け、第一段階では米ソの核を五〇%削減、第二段階で他の核保有国も含め凍結を宣言し、第三段階で全廃するというものだった。ゴルバチョフは、同時に核実験の一方的な凍結も打ち出した。

このゴルバチョフの核廃絶提案について、アメリカの駐ソビエト大使を務めたマトロックは、アメリカの専門家が実現は無理だと考えていたと指摘している。

▼**マトロック**（元アメリカ駐ソビエト大使）
「ゴルバチョフがレーガン大統領に手紙を送り、それが一月に公開されていたのですが、そこには一〇年以内に核兵器を全廃するつもりだと書かれていました。それこそ、アメリ

カの専門家全員が『無理だ』と言いました。しかし、レーガンは『大事なことだ』と言いました。レーガンはこれを本当に実現させたいと思っていましたし、大統領が真剣なら私たちも努力すべきです。

レーガンは本当に核兵器を憎んでいました。彼は核兵器撤廃論者でした。反撃は絶対命じないつもりだったと思います。なぜなら、彼がSDIに乗り出した理由として、『アメリカ国民を守る唯一の方法が他国の人間を殺すことだというのか？　いやだ。受け入れられない』と言っていたのですからね」


ソビエト側は、アメリカはジュネーブ会談から後退していると見ていた。そのためゴルバチョフは、ジュネーブで合意した自らのアメリカ訪問を準備するため、中間地点のイギリスかアイスランドで緊急の首脳会談を行うよう、レーガンに提案した。アメリカ側もこれに同意。ジュネーブに続く米ソ会談は、アイスランドの首都レイキャビクで行われることになった。

この背景についてゴルバチョフは、アメリカとの交渉が難航していたため、トップレベルで事態を打開しようとしたと語っている。

▼ゴルバチョフ（元ソビエト大統領）

「決断が必要な段階に来ていました。そう感じるのは何かがうまくいっていないからです。あのときはレイキャビク会談がありました。われわれはレーガン大統領を緊急の会談に呼び出そうとしていました。交渉が難航し、成果がほとんどあがっていなかったからです。多少はあっても前進は見られませんでした。そこでわれわれトップレベル、つまり首脳同士でこの問題を解決しようと持ちかけたのです。二日後、レーガン大統領から賛成との返事が来ました」

レイキャビク首脳会談開始

レーガンとゴルバチョフの二度目の米ソ首脳会談は、一九八六年一〇月、レイキャビクで二日間にわたって行われた。ゴルバチョフが二〇〇〇年までの核廃絶提案を打ち出すなか、核兵器の削減問題が最大の焦点だった。

最初の会談でソビエト側が提案を行った。そのときの様子をゴルバチョフはこう語る。

▼ゴルバチョフ

「会談開始後に挨拶を交わし、世間話をし始めた段階では、なかなか友好的な雰囲気でした。そこで私はメインの議題について触れ、こう言ったのです。『私はこのような提案を持ってきました。これは共産党政治局の見解ですから、われわれはこの決断を受け入れる覚悟ができています』

レーガンはおそらく、われわれがカゴいっぱいのキノコを持ってきて、彼のバケツに入れてくれると思っていたのでしょう。しかし、われわれはキノコより、もっと大事なものを持ってきました。アイデアと提案です。陸・海・空の三つの兵力があります。当時、米ソの軍事力は同じようなレベルだとされていました。われわれの提案は、双方の軍事力を五〇％ずつ削減しようというものでした」

ゴルバチョフが行った提案は、さまざまな核兵器の削減を一つのパッケージにまとめた包括提案だった。射程の長い戦略核兵器については、米ソがそれぞれ五〇％削減することを提案した。それは、ソビエトが優位にあるＩＣＢＭ（大陸間弾道弾）を五〇％削減するのに対し、アメリカも優位にあるＳＬＢＭ（潜水艦発射弾道弾）と戦略爆撃機を五〇％削減することを意味する。また中距離ミサイルについては、ヨーロッパにあるすべてを廃棄するというレーガンの提案に、ソビエトも同意するものだった。ゴルバチョフは同時に、アメリカが進めるＳＤＩについて、研究開発実験を一〇年間、研究室内にとどめることを提案した。

アメリカ側にとって、この提案は予想外のものだった。ゴルバチョフはレーガンが戸惑った様子を見せたと次のように述べている。

▼ゴルバチョフ

「アメリカ側にとって、この提案は予想外だったかもしれません。レーガンが答え始めましたが、私は彼が答案メモを持っていないことに気づきました。いくらノートをめくっても答案例が出てこない。顔色が変わったので、すこし時間をあげようと思いました。『問題が具体的なので、外相（シュルツ国務長官とシェワルナゼ外相）を呼んではどうでしょうか』と申し出ました。『はい、そうしましょう！』休憩をはさみ、両外相を入れて話し合いを再開しました。あのとき、シュルツ国務長官がいなかったらどうなっていたかわかりません」

アメリカによる拒否

これに対してマトロックは、ゴルバチョフが核の大幅削減を提案してくるのは予期していたとして、アメリカ側はソビエトが優位にあるＩＣＢＭの削減を重視していたことを明らかにした。

▼マトロック

「すでに核兵器を五〇%削減するという、全般的な合意がありました。アメリカとしては、その五〇%が、アメリカに向けて配備された、あるいはアメリカがソビエトに向けて配備していた、長大なＩＣＢＭにも適用されるという明確な合意を求めていました。

ソビエトのほうがアメリカよりも大量のＩＣＢＭを配備しており、実際、一度にアメリカの全ミサイル基地を攻撃することもできるだけの量がありました。それにソビエトのＩＣＢＭは可動式でしたが、アメリカのは違いました。アメリカは効果的にソビエトを狙えないのですが、逆は可能だったのです。アメリカ国民はこれを非常に不安に思っていました。

このとき、ソビエトはこの特定クラスのＩＣＢＭの削減に抵抗していました。しかし、アメリカとしては五〇%のなかにこれも含めたいと思っていました」

アメリカは、ゴルバチョフの核大幅削減の提案を拒否した。ホワイトハウスの元報道官フィッツウォーターは、その理由として、レーガンは核の大幅削減には基本的に同意しながらも、北朝鮮などの核保有国の存在を考え、一定の核を保有する必要があったからだと述べる。

▼フィッツウォーター（元ホワイトハウス報道官）

「ゴルバチョフが核兵器全廃を提案したのです。彼は『米ソとも核兵器をすべて廃棄してしまおうではありませんか』と言いました。皮肉なことに、それはまさにレーガンがやりたいと思っていたことそのものだったのです。レーガンは、ほぼ同じような言葉をよく口にしていました。『もうわれわれは核兵器を全廃しようじゃないか！』と。ですから、ゴルバチョフからそういう申し出があったのには驚きましたし、それはレーガンがぜひ受け入れたい提案でした。

しかしレーガンは、それはできないと言いました。なぜなら、核兵器を保有し、使うつもりの国——私たちは『ならず者国家』と呼んでいました——がたくさんあったからです。ですから米ソ両国は、そういう国々、たとえば北朝鮮やパキスタン、インド、イラン、中東の国々と交渉するために、一定量の核を持つ必要があったのです。どこかの国が将来攻撃をしかけてくるかもしれないからです。ですからレーガンは、核兵器全廃はできないと言ったのです。そのチャンスに飛びつくわけにはいきませんでした」

SDIで決裂

協議の結果、両首脳は核兵器を大幅に削減することでは基本合意した。双方はゴルバチョフが提案した二〇〇〇年までではなく、一九九六年までの一〇年間ですべての核兵器を廃絶すること、中距離ミサイルをヨーロッパからすべて撤去することで基本的に一致したのである。

▼ゴルバチョフ

「結局、二日間かけてわれわれの提案内容を協議したところ、すべて合意に達したのです。交換条件に加え、潜水艦と航空機の数、陸上と海上の優位性を考慮して、すべてを計算するとどうなるか。算数のように、二×二＝四、四×二＝八……となる単純な計算ではないのですが、それでも話し合いを進めた結果、納得できるところまで達しました。こうしてわれわれは、すべての項目において合意に至ったのです。いつでも協定を締結できるという状態でした」

ところが、交渉は土壇場でSDIをめぐって折り合いがつかずに決裂した。通称スターウォーズ計画と呼ばれるSDIは、レーガン大統領が一九八三年三月に開発を命じたものだ。衛星軌道上にミサイル衛星やレーザー衛星、早期警戒衛星などを配備し、それらと地上の迎撃システムが連携して、飛んでくる敵国のＩＣＢＭがアメリカや同盟国に届く前に、迎撃して撃墜しようというものである。

首脳会談で双方は、弾道弾迎撃ミサイルの配備を制限した米ソのＡＢＭ（弾道弾迎撃ミサイル）制限条約の順守期限を一〇年とすることで合意した。その上で、ソビエト側はこの一〇年間、ＳＤＩ兵器の研究開発実験を研究室内にとどめるように主張したのである。しかしアメリカ側は、研究室外の宇宙空間などでも実験は可能と反論し、対立は解けなかった。

一方でソビエト側は、核兵器の削減とＳＤＩの問題を全体でパッケージとして扱うように主張し、中距離ミサイルなど合意のできた部分を全体から切り離して協定を結ぶことを拒否した。

ゴルバチョフの主張

ゴルバチョフは、ＳＤＩをめぐるレーガンとのやりとりを生々しく再現する。

▼ゴルバチョフ

「協定にSDIを盛り込むのか、ここから外して別の協定に入れるのか、という問題が浮上したのです。レーガンは反論を始めました。そこで私が言いました。

『大統領！　われわれはこの協定を締結するために、何年も頑張ってきたのではないですか』

ちなみに彼は、スイスのジュネーブ会談のときも、真っ先に核兵器廃絶を提案していたのですよ。

『それなのにあなたは、スターウォーズ計画を持ち出すのですか。それならわれわれもそれに相当する解決策を探さなければなりません。実はその解決策の案も用意してあります。アメリカがスターウォーズ計画を発表したと同時に、ソビエトは対策を練ってきたのですから』

そうして、ソビエトにも策があることを示したのです。非対称的でもっと簡単で安いものができるのだ、と。

レーガンは『どうせ必要になるでしょうから、どうぞ進めてください』と言いました。彼は自分の計画を信じていたんですね。私は彼がスターウォーズ計画で勝てるとは思っていませんでしたから、こう言いました。

『それではあなたとの交渉が成立しません』

レーガンは私に言いました。

『賛成してください。会談のたびに、アメリカはソビエトにあれもこれも支援しているではないですか』

私はレーガンにそれなら取引をしましょうと提案しました。

『小麦と核兵器は別問題です!』

核兵器廃絶を訴えるなら最後まで貫くべきです」

SDIは攻撃兵器か防衛兵器か

SDIをどのような性格の兵器ととらえるのか。そもそも米ソ両国は、その点においても対立していた。アメリカ側はSDIを防衛兵器だと主張し、ソビエト側は攻撃兵器だと主張したのである。

アメリカ側は、なぜSDIに強くこだわったのだろうか? フィッツウォーターやマトロックはこう主張する。

▼フィッツウォーター

「ＳＤＩは、世界中の核保有国に対する防衛力を持つという意味で重要でした。われわれはＳＤＩが防衛システムであると考えていましたし、自国に向かって撃たれた核兵器を撃ち落とすために開発されました。ですから、ソビエトだけでなく世界中の核保有国が相手であり、アメリカが備えているべきと考えていた主要な防衛システムだったのです。アレイキャビク以来、ソビエトはＳＤＩを攻撃システムだと信じ込んでしまいました。アメリカはソビエトを攻撃するミサイルを打ち上げるつもりだ、ソビエトはそう信じていました。防衛のための武器とはとらえていなかったのです。米ソ首脳会談を開くたびに、結局一つの話題に行き着きました。ＳＤＩで物別れになるのです。元の木阿弥でした」

▼マトロック

「レーガンは、ＳＤＩを攻撃システムととらえたことはありません。確かにあれは防衛のシステムでした。使えないかもしれないけれど、試してみて、使えるかどうか確かめたいと思っていました。レーガンがＳＤＩを諦めるつもりがないのは明白でした。

ですからレイキャビクに行く前に、レーガンは『わかった、先に進めよう。それで、ＳＤＩが機能するかどうか確かめて、それから五年で五〇％を削減しよう。それから次の五年で弾道ミサイルをすべて撤廃しよう』と手紙で提案しました。もちろん、核兵器削減というテーマもありました。当時の私たちは、ソビエトが『わかった。そちらが合意するなら他の兵器も含めましょう』と言ってくるかもしれないと思っていました。

われわれの回答は、『あなたがたの心配は理解しました』ということでした。レーガンも『もしSDIが有効だとすれば、それは防衛システムとしてのことだ。だから、あなた方と共有しよう!』と言いました。するとゴルバチョフは、『冗談でしょう? そんなことはさせてもらえないのでは』と言いました。

しかし、レーガンは真剣でした。もしゴルバチョフが『わかりました。一緒にやりましょう!』と言っていれば、レーガンは『話は決まった!』と言ったことでしょう。あのとき、そんな可能性もあったのですが、そうはなりませんでした」

「敗北ではなく突破口だ」

会談の終了後、ゴルバチョフは会場の車寄せでレーガンを見送るときにも再考を促したが、翻意させることはできなかった。こうしてレイキャビク会談は、具体的な合意を生み出すことができずに物別れに終わった。

▼ゴルバチョフ

「われわれは部屋から出て、別れの挨拶を交わしました。ドアの前で突っ立って。そのときの写真がありますが、二人とも悲しげな顔をしています。本当に。レーガンは私に『わざと仕掛けたのだろう』と言いました。私は『君の非難は受け付けない』と言いましたがね」

▼フィッツウォーター

「失意のうちに帰国したレーガンは、『ああ、すばらしいチャンスだったのに、受け入れられなくて本当に悲しい。しかし、われわれには世界で引き続き果たすべき役割があるから、いまの時点で受け入れることができないのだ』と言っていました。私が思うに、ゴルバチョフもそのことは後に理解してくれたと思いますし、おそらく当時も理解していたと思います」

米ソ首脳会談が決裂したことは、世界中に大きな衝撃を与えた。ゴルバチョフは会談後の記者会見で、歴史的な核軍縮の潜在的な合意ができたのに、アメリカがＳＤＩにこだわったため最終合意には至らなかったと、顔を紅潮させ、アメリカの対応を厳しく批判した。こうしたことから、二〇世紀中、少なくとも数年間は米ソ首脳会談は期待できず、核軍縮の実現は遠ざかったかに思われた。

しかし、レイキャビクはそうした見方とは逆に、米ソの真の核軍縮への扉を開くことになった。米ソの首脳が極めて率直に対話をしたことで、問題点がどこにあるのか明らかになり、相互理解が高まったのだ。

ゴルバチョフは、記者会見でアメリカを非難しながらも、決裂ではないという見方を強調した。

▼ゴルバチョフ書記長（当時）

「レイキャビク、これは敗北ではなく、突破口です。われわれは初めて地平線の彼方を見たのです」

ゴルバチョフは、レイキャビクのあとに新たな核軍縮への道が続く、という展望を示したのだ。対するフィッツウォーターは、レイキャビク会談の意義を次のように語る。

▼フィッツウォーター

「レイキャビク会談によって、核兵器削減交渉への扉が完全に開いたのです。一度の会談では何も起こりません。歴史の一時点で何かが起こることはありません。何事も時間をかけ、さまざまな機会を重ね、ここをすこし、あちらをすこしと進歩を重ねて進んでいくものです。

レイキャビクのあと、私たちは核兵器の削減を公然と議論することができるようになりました。『オーケー、米ソはともに核兵器の全廃はできないと認識している。でも、部分的削減ならできる』と。私たちは、すこしずつ核兵器を削減するプロセスを始める必要がありました。成果が出るには長い時間がかかることになりました。しかし、それがＩＮＦ（中距離核戦力）全廃条約やＳＴＡＲＴ（戦略兵器削減条約）や核兵器をなくしていくための全体的な議論に結実していったのです。ですから物事はうまくいったことになります。

しかし、ゴルバチョフが核兵器全廃の提案をしてきたときは、本当に劇的な瞬間でした。まさに試合の流れを変える一球だったのです」

中距離ミサイル廃棄で合意を目指す

翌一九八七年、革命七〇周年を迎えたソビエトでは、スターリン時代の歴史の見直しを求める声が高まっていた。ゴルバチョフは「歴史に空白があってはならない」として、革命七〇周年の記念式典でスターリン批判の演説を繰り広げた。しかし保守派からは、見直しの行き過ぎに批判的な動きも出ていた。一方、急進改革派の旗頭だったモスクワ市党第一書記のボリス・エリツィンが解任されるなど、保守派と改革派の対立は深刻さを増していた。

こうしたなか、ゴルバチョフは前年のレイキャビク会談で決裂した核軍縮の問題をめぐって、具体的な合意を目指すことを決断した。前述したように、レイキャビクにおいてソビエト側は、核兵器の大幅削減とＳＤＩの開発制限を結びつけるパッケージ提案を行ったが、ＳＤＩの推進を目指すアメリカ側はこれを拒否した。そのため、ゴルバチョフはこのパッケージ提案から、レイキャビクで原則合意したヨーロッパの中距離ミサイルの廃棄の問題を切り離し、個別の協定を結ぶ考えを明らかにしたのだ。

中距離ミサイルとは、射程が五〇〇キロから五五〇〇キロまでの中射程のものである。米ソは互いを直撃することはできず、ソビエトのミサイルは西ヨーロッパを標的としていた。とくにソビエトが一九七〇年代に配備を始めたミサイルＳＳ20は、極めて強力で高性能だった。しかも可動式で、ソビエトのヨーロッパ部だけでなくアジア部にも配備されたため大きな脅威となった。

これに対してNATOは、西ヨーロッパに核弾頭を搭載した中距離ミサイル・パーシングⅡと地上発射の巡航ミサイルを多数配備することを決め、ソビエトに対して軍備増強で圧力をかけながら、軍備削減を求めるという戦略を取った。

一九八六年一月、ゴルバチョフは二〇〇〇年までにヨーロッパに配備された中距離ミサイルを含むすべての核兵器を禁止することを提案したが、アメリカは拒否した。しかし、レイキャビク会談で米ソ両国は、中距離ミサイルのヨーロッパからの撤去と、その弾頭数を双方が一〇〇個に制限することの二つについて原則合意していた。そして、ゴルバチョフのパッケージから中距離ミサイルを切り離すという提案を受け、米ソがさらに協議した結果、ミサイルの一部を残すのではなく、全廃することで最終合意に達したのである。

ゴルバチョフのワシントン訪問

一九八七年一二月、ゴルバチョフは初めてワシントンを訪問した。ジュネーブ、レイキャビクに続く三回目の米ソ首脳会談で、ソビエトの最高首脳のアメリカ訪問は、一九七三年のブレジネフ書記長以来、一四年ぶりであった。

訪米の最大の目的はINF全廃条約の調印だった。一つの種類のすべてのミサイルを廃棄する条約が結ばれるのは、核時代になってこれが初めてである。このINF全廃条約が、冷戦終結に向けた軍縮面のプロセスのスタートとなった。また、この条約の調印は、のちのSTART1（第一次戦略兵器削減条約）やSTART2（第二次戦略兵器削減条約）への道を開くものとなった。

レーガン、ゴルバチョフ両首脳は、調印式で次のように述べ、条約の意義を高く評価した。

▼レーガン大統領（当時）

「これは歴史に残るでしょう。多くの賢人と称される人々が、このような協定を達成することは不可能であろうと一再ならず予告しました。反対の力と要因があまりに多すぎました。しかし、われわれは断固として信念を守り抜き、降伏はしませんでした」

▼ゴルバチョフ書記長（当時）

「達成されたのは核廃棄のスタートに過ぎません。もっとも、どんな長い旅も一歩から始まるのです。誇りにしてよいのは、われわれが世界のたくましい大木に育つ力を持つ苗木を植えたということでしょう。しかし、互いに月桂冠を与えあうのは時期尚早でしょう」

ＩＮＦ全廃条約は、中射程の核弾頭や通常弾頭を搭載した地上発射の弾道ミサイルと巡航ミサイルを廃棄するよう定めている。その後、期限の一九九一年六月までにアメリカが八四六基、ソビエトが一八四六基、合わせて二六九二基の兵器が廃棄された。

フィッツウォーターは、ワシントン会談は、核軍縮の進展において極めて大きな意義があったと指摘する。

▼フィッツウォーター

「一九八七年のワシントン会談は、東西関係においてたいへん重要な出来事でした。何よりもまず、この首脳会談において軍縮が進んだことを示すことができました。ジュネーブで初めて軍拡問題を話し合い、レイキャビク会談が行われてゴルバチョフの核兵器全廃の提案があり、そして一九八七年になってＩＮＦ全廃条約の合意に至った。核兵器削減の初めての合意です。ですから、この首脳会談は非常に重要でした」

核削減条約調印の背景

中距離ミサイルの全廃で米ソが合意したことについて、マトロックはその背景をこう語る。

▼マトロック

「中距離ミサイルについて、ゴルバチョフは本当に妥協しなければならないと思っていました。ソビエトは西ヨーロッパを攻撃できるミサイルを持っているのに、西ヨーロッパにはアメリカのミサイルがありませんでした。もしソビエトが西ヨーロッパを攻撃すれば、アメリカはアメリカ国内から反撃することになります。となれば、アメリカの都市を反撃される危険にさらすことになります。アメリカ大統領にそんなことができるでしょうか。

しかし、もしアメリカがヨーロッパにミサイルを配備すれば、ソビエトがヨーロッパを攻撃しても、アメリカはアメリカ国内から反撃する必要はありません。そうなればソビエトにとっては不利な状態になります。そこで彼らは、急にミサイルはないほうがいいと思い至ったのです。

ジュネーブの会談で、初めてソビエトはこんなふうに言い出しました。『よしわかった、それではヨーロッパでは米ソがミサイルを一〇〇基ずつ維持することにしましょう。われわれは中国の心配をしなければいけません』といった感じです。そこでアメリカは言いました。

『私たちの提案はゼロです！　両方がゼロにするのです。なぜならこのミサイルは可動式です。もしアジアに一〇〇基配備するのなら、アメリカはどこに配備したらいいのでしょうか？　アラスカ？　それが何の役に立つというのでしょう？　そんなものはいりません』

何が起こるかをどんどんと考えていけば、米ソ両方にとって、明らかにミサイルはないほうがよいのです。こうしてアメリカは真摯《しんし》にソビエトを説得し、それまでの政策がどうであれゼロが望ましいのであり、一〇〇ではダメだと説得することができました」

またマトロックは、膨大な軍事費がソビエト経済をますます悪化させていたことも、ゴルバチョフが妥協に動いた大きな要因だと指摘する。

▼マトロック

「ソビエトの経済は、ますます悪くなっていました。レイキャビク会談のあと、一九八七年四月にイギリスのサッチャー首相がモスクワを訪問し、ゴルバチョフに対し、アメリカがソビエトの兵器を恐れていること、とくにあの中距離ミサイルを恐れていると伝えました。

その直後のソビエト共産党の政治局会議で、ゴルバチョフは『同志諸君、サッチャーが言っていたことで真剣に捉えなければいけないことが一つある。アメリカはソビエトを恐れている。なぜなら、われわれのほうがアメリカよりたくさんの武器を持っているからだ』と言いました。

そしてゴルバチョフは国防相のほうを向き、彼の顔を見つめ、こう言ったのです。『その武器のために、君はソビエト国民の金を盗み、西側世界を脅かしている。アメリカはソビエトを軍拡競争という罠《わな》にはめようとしている。この競争でソビエトに勝ち目はない。同志よ、ソビエトがその罠にはまるわけにはいかない。われわれは軍縮をしなければならない。われわれは妥協しなければならない』

経済の停滞も相まって、軍部から資金を取り上げる必要があったのです。軍部は必要以上の金を使い、他の国を威嚇《いかく》し、軍拡競争に邁進《まいしん》していましたが、ソビエト政府はそれをまかないきれなくなっていました。

ずっと引き継がれてきた、あるいは守られてきた政策のなかにある間違いを、しっかり見抜くことのできる政治指導者はめったにいません。ゴルバチョフには、その能力がありました」

アメリカでのゴルバチョフ人気

ゴルバチョフの初めてのアメリカ訪問は、全米の大きな関心を集めた。ソビエトでは改革が行き詰まり、ゴルバチョフの人気も落ちてきていたが、アメリカでは熱狂的な歓迎を受けた。フィッツウォーターは当時の様子を次のように語る。

▼フィッツウォーター

「この首脳会談で、ゴルバチョフという人物がアメリカに紹介されたことがとても重要でした。ワシントン会談を通して、彼は西側の文化、アメリカ国民、その信念や考え方を紹介されましたし、この会談はアメリカ国民にゴルバチョフを紹介しました。アメリカ国民はそれまでゴルバチョフの実物に会ったことはありませんでしたし、彼のことを知りませんでした。でも知りたいと思っていました。この会談には、非常に大きな希望と期待が寄せられていたのです。

ゴルバチョフがアメリカに来て何が起こるのか、世界中の人が見たいと思っていました。軍縮という面だけでなく、文化的・社会的なイベントとしても、ワシントン会談は驚くべきものでした。

私たちは単純に、ゴルバチョフにアメリカ国民に会ってもらいたいと思っていました。

国民こそ私たちの民主主義の力の源泉です。それから、アメリカのすばらしい進歩ぶりを見てもらいたいと思っていました。商品のあふれる店、食べ物のあふれる食料品店、とりわけ、開放的で明るく彼を迎える国民の姿を見てもらいたかったのです。そして、彼はそういうアメリカを見たのだと思います」

ゴルバチョフは、ソビエトの改革が本物であり、アメリカとの関係改善を真に望んでいることをアメリカ国民に示そうとしていた。この訪問でゴルバチョフは、全米を驚かすあるパフォーマンスを繰り広げた。ワシントンの街を移動中、突然車を止め、沿道の人々と笑顔で交流を行ったのである。

▼フィッツウォーター

「ゴルバチョフが、ブッシュ副大統領とともに車を降りて、コネティカット・アベニューを歩いたと聞いてびっくりしました。彼は車から降りると、一般市民のなかへ歩いていきました。周囲の人と握手をし、レストランなどに入り、『ここにいるのは新しいタイプの指導者だ』ということを私たちに見せてくれたのです。

ゴルバチョフは、西側の社会がどう機能しているのか、言論の自由がどのように機能しているのかを知りたくて、思い切って人々のなかに歩いていき、彼らに話しかけたのです。人々が自分を攻撃したり傷つけようとしたりはしないし、相手は友達なのだということを知りたかったのです。

ソビエトがそんな姿を見せたことは、それまでありませんでした！ 車を降りて一般市民と握手するソビエトの首脳なんていなかったのです。すばらしい瞬間でした。ゴルバチョフにとっても、世界にとってもです！」

マトロックは、このときのアメリカ国民との交流がゴルバチョフに与えた心理的な影響は、極めて大きかったと指摘している。

▼マトロック

「彼が車に戻ると、私たちもホワイトハウスに行き、小さめの部屋でレーガン大統領とともにランチに参加しました。ランチが始まるとすぐに、ゴルバチョフはレーガンのほうを向いて言いました。

『大統領、あなたの国に対する私の見方はすっかり変わりました』

詳しくは説明しませんでしたが、彼の言わんとする意味は正確にわかりました。ここは彼を憎む国民が暮らす国ではありません。心から平和を望む国民が暮らす国です。ソビエトではもうあまり人気がなかった彼を、アメリカ国民は評価していたのです。

こういう体験が、指導者個人の心理にもたらす影響を決して無視してはいけないと私は思います。なぜなら国際関係というのは、国と国とがビリヤードのボールのようにぶつかり合うものではないからです。人間と人間のやりとりなのです。レーガンもゴルバチョフも、そのことを理解していました」

レーガンが受けた衝撃

全米に大きな旋風を巻き起こしたゴルバチョフの訪問だったが、フィッツウォーターはいまも忘れがたいというエピソードを紹介してくれた。

▼フィッツウォーター

「最初の会談でテーブルの前に立っていたゴルバチョフの姿を、私は決して忘れないでしょう。ポケットからノートを引っ張りだしました。小学一年生が学校に持っていき、メモをとったりするための横罫《よこけい》のノートですが、ゴルバチョフはそれに目を通し始めました。そして、彼にとって重要なことは何かを話し始めました。米ソ関係の歴史のなかで、彼が何をしようとしているのか。そういうことがノートに書かれていて、彼はページをめくっていました。これは驚くべきことでした。なぜなら、この人は長年世界の大国の一つであるソビエトの最高指導者であるのに、自分で書き、メモを取り、調べ物をしてきたのですから。

テーブルについていた私たちは、そんな光景を目の当たりにし、あとになって『どうして彼は自分で調べ物をしているのでしょう?』とたずねました。すると『そういうことをやってくれる人が、彼の周りにはあまりいませんから』という答えが返ってきました。テーブルについていたソビエトの面々は、ゴルバチョフとは意見が異なりました。だから、何でも自分でやらなければならなかったんです! ノートは手書きだったんですよ! それこそ、一国の指導者がアメリカで見せるパフォーマンスとしては、とてつもない効果がありました。

正午になり、お昼休みをとることになりました。レーガン大統領は大統領執務室に戻ってくると『家に帰って宿題をしなければ! ゴルバチョフは、この問題についてしっかりと研究していて、こちらも知らなかった一九二五年の米ソ化学兵器条約のことまで知っていたんだからね。私たちの誰も聞いたことがなかったことなのに! でも彼は全部調べて来たんだ! あそこに全部書いてある』と言い、『私もちょっと研究しないと!』と言いました。

するとと首席補佐官だったハワード・ベイカーが、『いえ、大統領、あなたは昼食をおとりになり、自分がアメリカ大統領であることを思い出してください。そして、どんなことを言われるのか注意深く耳を傾けてください』と言いました。

その後、二人の関係はすっかり変わりました。レーガンはゴルバチョフがやってきた仕事に敬意を払い、それからアメリカの立場を話し始めて、これまでよりずっと対等な会話が行われました」

冷戦終結に向けた前進

レイキャビク会談からワシントン会談に至る過程は、米ソ関係史上でもあまり例のないものだろう。それにしても、レイキャビクでの決裂後、米ソがわずか一年で合意したことには驚かざるを得ない。レイキャビク後の記者会見で、ゴルバチョフが語った「これは敗北ではない。突破口だ」という言葉が、単なる強がりではなかったことが実証された形だ。

筆者（山内）は、当時、若手のモスクワ特派員としてレイキャビクで取材したが、会談を終えて記者会見に臨んだゴルバチョフは、怒りをあらわにしながら「アメリカがSDIにこだわったせいで、歴史的なチャンスを逃した」とアメリカを厳しく断罪した。その剣幕に押され、私は世界の多くのジャーナリストと同様、米ソの首脳会談は少なくとも数年は開催できないだろうと考えた。

ところが、その一年後の急転直下の合意である。私はこのとき、国際情勢は生き物であり、断定的に考えることの怖さを学んだ。レイキャビクからワシントンに至る過程は、それほど異例なものだったのである。

米ソ両国は、この核削減の合意で冷戦終結に向けて一歩前進した。ゴルバチョフもペレストロイカが真剣なものであることを理解してもらおうと、アメリカで必死のパフォーマンスを繰り広げた。しかし、肝心のソビエトではこのとき、ペレストロイカに反対の声が高まりつつあった。

ゴルバチョフが、はたしてこの未曽有の改革を実現できるのかどうか。アメリカはそれをどこまで本気で支持するのか。翌年のレーガンのモスクワ訪問は、それが試される場となった。

第四章 冷戦はいかに終結したか——ヤルタからマルタへ

マルタ会談で冷戦終結を宣言し、笑顔で会見に臨むブッシュ(左)とゴルバチョフ(1989年12月、写真提供:AP/アフロ)

米ソ交渉、最終段階へ

ジュネーブ、レイキャビク、ワシントンと続いた首脳会談において、米ソ両国は、冷戦終結に向け、核削減という一定の成果に到達した。ゴルバチョフが進めるペレストロイカをめぐっても、アメリカでは理解が得られるようになってきたが、肝心のソビエト国内では抵抗が強まり、ゴルバチョフは難しいかじ取りを迫られていた。

この章では、反共の闘士レーガンのモスクワ訪問、冷戦終結宣言が行われたマルタ会談を中心に、いかに米ソが最終的に冷戦終結に至ったかの舞台裏を描く。レーガンはソビエトを「悪の帝国」とする発言を撤回し、後任のブッシュもペレストロイカは本物だと確信し、ソビエトを全力で支える方針を表明する。しかし、時はすでに遅く、ソビエトではクーデターが起き、ゴルバチョフは権威を失い、辞任に追い込まれることになるのである。

保守派の抵抗と民族紛争

ゴルバチョフは、さまざまな分野で非常に多くのことを同時に改革しようとしていた。しかし、外交面では一定の改善を見る一方で、国内状況は悪化するばかりだった。翌一九八八年に入ると、国内では保守派が公然と異を唱え始める。保守派の新聞が、ゴルバチョフによるスターリン批判に反論する長大な記事を掲載し、これは保守派の抵抗宣言と受け取られた。

　同時にソビエト南部のカフカス地方では、民族紛争が表面化する。アゼルバイジャン共和国のなかにあるナゴルノ・カラバフ自治州のアルメニア人住民が、隣のアルメニア共和国への自治州の編入を求めて、大規模なデモを起こしたのである。デモはアルメニアにも波及し、大きな民族紛争に発展した。

　一方でゴルバチョフは、米ソ対立の原因の一つとなっていたアフガニスタン問題についても、ソビエト軍の全面撤退を決断する。ソビエトは一九七九年にアフガニスタンに軍事侵攻し、あわせて六〇万人以上の軍を投入していたが、戦闘は泥沼化し、ソビエト軍の死者は一万五〇〇〇人にも上った。長期化した戦闘で、兵士たちの間には外傷性ストレス障害（アフガニスタン・シンドローム）が広がり、麻薬も流入し、深刻な社会問題となっていたのである。撤退は八八年五月に始まり、翌年の二月に完了した。

　このようにソビエトをめぐる内外情勢が揺れ動くなかで、ゴルバチョフはレーガンをモスクワに迎えることになる。

レーガンのモスクワ訪問

一九八八年五月二九日、レーガン大統領はモスクワを訪問した。アメリカ大統領のソビエト公式訪問は、一九七四年のニクソン大統領以来、実に一四年ぶりのことだった。レーガン、ゴルバチョフの会談もこれが四回目で、米ソ関係の進展ぶりを示した。

当時の雰囲気について、マトロックは次のように述べている。

▼**マトロック**（元アメリカ駐ソビエト大使）
「レーガンがモスクワを訪問したころには、米ソの官僚たちも、以前よりずっと緊密に協力し合うようになっていました。大統領がそう仕向けたからだけではありません。国務長官と外相、あるいはもっと下の官僚や省庁が、定期的にやりとりを始めていたのです。協力のプロジェクトがたくさんありました。科学者や教育専門家、その他さまざまな分野の専門家も交流していました。『鉄のカーテン』がなくなり始めていました。

米ソ首脳会談は、官僚がお互いに交流を始め、政府関係者でない人々にまで交流が始まる、そのきっかけだったのです。ですから私たちの目的は、ソビエトを開放するという、ゴルバチョフのペレストロイカの方針と一致していました」

レーガンを迎えるゴルバチョフには、いくつかの狙いがあった。国内改革を進めるために、アメリカが改革を支持しているとソビエト国民に示すこと。また、軍事費を削減するために、アメリカとの軍縮をさらに進めること。そして、レーガンのモスクワ訪問に世界の関心が高まるなか、改革や情報公開が進むソビエトの現状を世界に発信し、ソビエトへの理解を深めてもらうことだった。

一方のアメリカは、どんな思惑を持っていたのだろうか？　フィッツウォーターは、ゴルバチョフ訪米の際と同様に、レーガンもモスクワ市民などとの交流を通じて、自由や民主主義、人権などアメリカの価値観を、ソビエト国民にアピールしようとしていたと語る。

▼**フィッツウォーター**（元ホワイトハウス報道官）

「モスクワで私たちは、ゴルバチョフがアメリカでしたのと同じことをしたいと思っていました。つまり、ソビエト市民と会いたいと思っていたのです。何がアメリカをこれほど強くしたのか、それを彼らに話したいと思っていました。それは政治哲学などではなく、自由であり権利です。

言論の自由を示すために、一連のイベントを設定しました。レーガン大統領はモスクワ大学で講演しました。信仰の自由を示すために、ロシア正教の教会に行って教会の指導者と会いました。言論の自由については、モスクワ中心部の大勢の市民が集うアルバート通りを歩きたいと思っていました。

こうしたイベントはすべて実現され、レーガン大統領は自由や権利、民主主義のよいところ、民主主義がなぜ人々にとって重要なのかを語ることができたのです」

「本物の変化を起こしている」

レーガンのモスクワ訪問には、もう一つ重要な目的があった。それは、ソビエトを「悪の帝国」と非難して物議をかもしたかつての発言を、この機会に撤回することだった。

レーガンは一九八三年三月、アメリカ国内の会合で、自由を抑圧し、対外膨張を図る国家としてソビエトを非難した際に「悪の帝国」という表現を使った。以来、「悪の帝国」は米ソの対立関係を象徴する言葉となっていた。それは、ジュネーブ会談に始まる両国関係改善のなかでも撤回されていなかった。しかしアメリカ側も、ゴルバチョフによるソビエトの大きな変化に対処する必要を感じていた。

フィッツウォーターは、当時のアメリカ側の思惑を次のように述べる。

▼フィッツウォーター

「レーガンがモスクワを訪問した理由はもう一つあります。ソビエトの人々に対して、ソビエトが『悪の帝国』だとはもはや思っていないことを、象徴的に伝える機会にしたかったのです。ソビエトの人々は皆良い人々であり、ソビエトに来ることができて誇りに感じていることを伝えたいと思っていました。

皆で考えて、象徴的なふるまいとして、ゴルバチョフと一緒に赤の広場を歩く姿を、テレビでアメリカとソビエトの国民に見せるということになりました。これが新しい関係なんだ、と。ゴルバチョフとレーガンは友人同士であり、この二人なら一緒に合意に向けて努力することができるのだ、と。それで二人は、赤の広場を歩くことになったのです」

レーガンが発言を撤回することを決意した背景には、ゴルバチョフとの個人的な信頼関係が増し、ソビエト国内で改革や民主化が進んできていることがあった。モスクワ訪問の直前にも、そうしたレーガンの決意を後押しするような出来事があったと、マトロックは語っている。

▼マトロック

「これは、レーガン本人の理解から出てきたことだと思います。レーガン本人がソビエトの変化を理解し、ゴルバチョフが本物の変化を起こしていることも理解していました。モスクワに行く直前、次のソビエト共産党大会のための『テーゼ』を受け取っていました。ロシア語で書かれているので私が読みましたが、驚きました！　共産主義やマルクス主義という言葉は見当たらず、社会を自由化すると述べられていたのです。

翌朝、私はレーガンにブリーフィングを行い、『これは次のソビエト共産党大会のテーゼですが、もし彼らが本気なら、あの国は大きく変わることでしょう』と言いました。もはや共産党の書類ではありませんでした。あのテーゼが効果を発揮しました。なぜなら私たちアメリカ側も、この変化が本物だと認識したからです。ゴルバチョフは変化などしていないというアドバイスをする人たちは、自分の目で見たらいい。彼らの言うことは真実ではなかったのです」

ソビエトのおもてなし戦略

かつてのジュネーブがそうだったように、レーガンのモスクワ訪問においても、晩餐会が果たした役割は大きかった。ソビエト側は、どのようにレーガンを迎えようとしたのだろうか？　元ソビエト大統領儀典局長のシェフチェンコは次のように語る。

「私の課題は、いい食事を揃《そろ》えてロシアのホスピタリティをアピールすることでした。同様にアメリカ側が催す食事会の際では、こちらにとって必要なものがあるか、監視しなくてはなりませんでした。晩餐会は、交代で双方の会場で行われていました。

ライサ夫人は、会談に向けて直前まで、料理人とメニューや調理方法について話し合っていました。自宅へ招く際に親切な歓迎を心がけるのは、女性が持つ典型的な特徴です。自分の家だという感覚で、家庭的に受け入れるのは当然のことです」

レーガンを迎えるゴルバチョフは、これまで積み上げてきた両国の良好な関係をアメリカ側にはっきり示す場を望んでいた。晩餐会の舞台は、ソビエト・ロシアを象徴するクレムリンの一番奥まった場所、帝政ロシア以来、外国からの大切な客をもてなすためのもっとも豪華な場所となるグラノビータヤ宮殿である。

このときのメニューを、晩餐会の準備にも参加した、ロシア料理人協会会長のビクトル・ベリャーエフから教えてもらうことができた。ベリャーエフは語る。

「クレムリンの料理人は、各国首脳の好きな料理を選ぶことにしています。それは、社会主義の国でも資本主義の国でも変わりません。それまでの何回かの西側との会談でも同様でした。レーガン大統領の好物は、薫製《くんせい》にしたチョウザメやウナギ、サーモンなどの魚料理でした」

魚料理を好んだというレーガンのために、ロシア各地からえりすぐりの魚が用意された。サーモンやチョウザメの薫製、最上級のキャビア。それに加えてこの晩餐会では、レーガンをもてなす相互友好のシンボルとして、特別な食材が用意されていた。それは七面鳥だった。アメリカでは、感謝祭やクリスマスに家族そろって食べる定番の料理。まさにアメリカ生まれの家庭料理の食材であった。しかし当時のソビエトでは、一般的に七面鳥を食べることはなかった。アメリカを特別にもてなそうとするこのアイデア実現のため、ソビエト国内では手に入らない七面鳥をハンガリーから輸入することになった。

ベリャーエフは、当時実際に調理を担当したコックに確認し、その他の食材も含めて忠実に料理を再現してくれた。作られたのは、まったく鳥の姿を感じさせない料理。美しく調理されたテリーヌだった。ここには、クレムリンの料理人のちょっとした葛藤があったとベリャーエフは語る。

「どうやって七面鳥を料理するか。そこに問題がありました。最初はアメリカの感謝祭で食べるような丸焼きにしようと考えていました。しかし、ソビエトの外交プロトコル（外交儀礼のための約束事、基準）によると、丸焼きで出すことは禁止されていたのです。七面鳥は、一般食卓ではほとんど使われず料理に出ませんでしたので、晩餐会用に特別に作りました。料理法にも課題がありました。何もせずにフィレ肉をただ焼いただけだと、すこしパサパサしてしまいます。そこで、七面鳥のペーストを肉の周りに塗ってコーティングし、柔らかくしました」

クレムリンの晩餐会には、要人を接待するための厳格なプロトコルがある。晩餐会に招いた要人を、万が一にも食事によって傷つけることがないよう、魚や肉の骨は必ず取り除き、骨がついたままで出さないことが決まりとなっていたのである。そのため、七面鳥もグリルで丸焼きしたものは出すことができない。そこで考えられたのが、七面鳥のひき肉をハムや木の実などと合わせて蒸し固めたテリーヌだった。仕上げに七面鳥の皮で包んだ一品だった。

「家にいるようにくつろいでほしい」

かつてジュネーブでふるまわれた、山国スイスでの海の幸ロブスター料理は、お互いの気持ちを近づけようとするアメリカのサプライズだった。そして、モスクワでの七面鳥のテリーヌ。それは、アメリカからの訪問客に対する、ソビエトのサプライズであった。

いよいよ晩餐会を迎える。レーガンもゴルバチョフも夫人を同伴し、ゴルバチョフの乾杯で始まった。キャビアを添えたロシアの伝統的な魚料理とともに、七面鳥のテリーヌがテーブルに並べられた。料理人によると、レーガン大統領はこのもてなしをすっかり気に入って、厚切りのテリーヌを五枚も食べたという。ベリャーエフが振り返る。

「ロシア料理に興味を持ったレーガンは、心を奪われたように料理をカメラで撮影していました。ターキーの出来上がりは、アメリカ風とちょっと異なっていますが、課題は、飾って、ご馳走して、驚かせることです。すべて試作を作り、確認していました。私がウェイターから聞いた話では、レーガンはよく食べるだけでなく、付け合わせなどの詳細な特徴にも関心を示して、一つ一つを必ず見てから味わいました。アメリカ人らしく、彼は何度も言いました。『これは食べ物というより、眺めるものですね』。メインディッシュは、乳飲み子の牛を使ったウィーン風のシュニッツェルでした」

アメリカ側は、ロシア側のもてなしをどう受け止めたのか。フィッツウォーターは次のように述べる。

▼フィッツウォーター

「ソビエト側が私たちに七面鳥の夕食を出してくれたとき、それが私たちに大きなメッセージを伝えていました。単純なことです。ソビエト側は、アメリカから来た私たちに『自宅にいるようにくつろいでもらおう』と思っていたのです。そうした関係で、私たちを歓迎しようとしていたのです。これはとてもいい出来事でした」

自宅にいるようにくつろいでほしい。それは、ロシアの家庭や仕事場でよく使われる、招待客への歓迎の言葉であった。それと同時に、モスクワを訪問したレーガンに対する、ゴルバチョフからの「シグナル」でもあった。レーガンとゴルバチョフの関係が近づくのは、この晩餐会の翌日のことであった。

「もはや悪の帝国ではない」

五月三一日、歴史的な瞬間がやってきた。それは、レーガンとゴルバチョフがクレムリン底内を散歩していたときのことだった。記者の一人から「ソビエトはいまも悪の帝国と考えているか」と問われたのに対して、レーガンは「いまはもうそう考えていない」と答えたのである。

ゴルバチョフ本人は次のように証言する。

▼**ゴルバチョフ**（元ソビエト大統領）

「この発言は、われわれにとって極めて重要なものでした。それはちょうど、レーガン大統領を連れて、クレムリンのなかを案内していたときのことでした。私がガイドで、彼が観光客のようでしたよ。あなたはモスクワについてご存知ですか、クレムリンについてご存知ですか、と。

クレムリンに古くからある、一番大きな大砲に近づこうとしたときのことです。そこにはたくさんの記者が集まっていました。記者の一人が、レーガン大統領にこう聞いたのです。

『レーガン大統領、あなたは以前、ソビエトは悪の帝国だとおっしゃいましたよね。この意見に変わりはないですか?』

ソビエト側の記者がこのような質問をするのは、私にとっても予想外でした。レーガンは彼らに答えました。

『いえ、もう違います。ゴルバチョフさんがいれば変わっていきますよ』

そう言ったのです。『私たちはこの変化を心から歓迎しています』と。

さまざまな努力がこの結果を生んだのです。もちろん、結果を引き出すためには、きっかけが必要です。まず火をつけなければなりません。火をつけるにはマッチが必要です。このマッチの役割を果たしたのが、先の質問だったのです。実にいい質問でしたよ」

レーガンの発言は、ソビエト国内でも非常に大きな反響を巻き起こした。当時、駐ソビエト大使だったマトロックが振り返る。

▼マトロック

「これはソビエト国民に強い印象を残しました。この様子が報道されると、その夜、私のところにたくさんのロシア人がやってきて、ロシアの歴史にとって今日はすばらしい日だったと口々に言いました。

私が『確かにいい日でしたが、ちょっと大げさではないですか?』と言うと、あるロシアの詩人が『そんなことはない! ロシア人はこれまで自分たちに民主主義が作れるのだろうかと疑いの気持ちを持っていた。でも、いまやレーガンが、私たちにロシア人は民主化しているところだと言っているのですから!』と言うのです。

もちろん、ある意味では大げさではありませんでした。つまり、多くのロシア人がそういうふうに感じていたのです。それまでの指導者は表に出てきませんでしたし、『悪の帝国』のトップでしたが、もうそんな指導者はいないのです。当時のレーガンは世界でも人気の高い指導者でしたし、ゴルバチョフも同じくらい人々の賞賛を集めていました。ソビエトの人々からも、です」

四つの首脳会談は一つの連続体

ジュネーブで初めて出会った際は、「恐ろしい恐竜」「ガチガチの共産主義者」と互いに不信感をあらわにしたレーガンとゴルバチョフ。それが四回の首脳会談を重ねるうちに、二人の信頼関係が深まり、相互理解が大きく進んだのである。

フィッツウォーターは、歩み寄りと対立を繰り返したこの四回の首脳会談が、一つの長い連続体であったと指摘する。

▼フィッツウォーター

「最初のジュネーブ会談、またレイキャビク会談もある程度まではそうですが、これは両首脳が互いを知るための会談でした。互いの人物を精査し、相手がどこまで踏み込む意思を持っているのか、米ソ関係を改善するには何ができるだろうか、と。

それから、最初の二つの会談で起こったことを基礎に、米ソは軍縮交渉の局面に入り、ワシントンやモスクワで三、四回目の首脳会談を開催しました。こうした物事のすべてが、プロセスを経て進む一つの長い連続体であったと見なければいけません。

ゴルバチョフはすばらしい勇気、すばらしい洞察力を示しました。彼はこうしたプロセスを開始し、実行し、完成させました。私たちの多くが、ゴルバチョフは暗殺されるのではないかと思っていました。しかし、暗殺されませんでした。彼はとてつもない強さを示したのです。これからどこに向かっていくのかが彼には見えていましたし、できるかぎり

四つの米ソ首脳会談

ヤルタ会談(1945年2月)
～世界を二分する冷戦の始まり～

ジュネーブ会談(1985年11月)
～米ソ関係の転換の第一歩～
6年半ぶりに行われた米ソ首脳会談。核戦争に勝者なし、不戦の誓い、首脳の相互訪問で合意。

レイキャビク会談(1986年10月)
～敗北ではなく突破口～
ヨーロッパに配備する中距離ミサイルの撤去、核戦力の大幅な削減で基本的に合意するも、アメリカのSDI構想をめぐって決裂。

ワシントン会談(1987年12月)
～「決裂」から一年での合意～
史上初の核削減条約となる中距離ミサイル全廃条約に調印。ゴルバチョフが市民と交流し、改革を進めるソビエトの姿をアピールした。

モスクワ会談(1988年5月)
～もはや「悪の帝国」ではない～
双方が軍縮を推進することを確認。レーガンはかつての「悪の帝国」発言を撤回し、ソビエトの改革を支持していることを強く印象づけた。

マルタ会談(1989年12月)
～冷戦の終結～

遠くまでそれを進めました」

ヤルタからマルタへ

翌一九八九年は、世界的に重要な事件や出来事が次々に起こり、歴史的にもまれに見る激動の年だった。中国では国民の民主化要求を押しつぶした天安門事件が起き、イランではイスラム革命を指導したホメイニ師が死去した。戦後の世界構造を決定していた冷戦から次の新しい世界構造へ、大きな変化を引き起こす渦が起きていた。

ソビエトではこの年、経済がさらに悪化している。広大な版図《はんと》を持ち、大きさが強さだと考えてきた国が、その大きさが弱さに繋がっていることに気づかされていく。各地では、大規模な炭鉱労働者のストライキなど、民衆の抗議行動がたびたび起きるようになった。共産党の一党独裁政権の下で押さえつけられていた労働者の不満が、ここに来て噴出し始めていた。路線対立も激化する。急進改革派はゴルバチョフの改革が遅く不徹底だと非難し、保守派は改革が行き過ぎで統制を強化すべきだとして主張。双方が譲らず、混乱が続いていた。

こうしたなかで世界に大きな衝撃を与えたのが、一一月、東西冷戦の象徴だったベルリンの壁が崩壊したことだった。その背景には、ゴルバチョフが東ヨーロッパ諸国に対しても自由化や民主化を促し、社会主義政権が揺らぎ始めたのちも内政不干渉の方針を貫いたことが大きく影響している。この東ヨーロッパの激動が、ブーメランのようにソビエトに跳ね返ってきた。ベルリンの壁崩壊の背景など、ヨーロッパの激動とソビエトの対応については、次章以降で詳しく述べることとして、本章では引き続き米ソ関係を中心に見ていきたい。

一九八九年一二月、ベルリンの壁が崩壊してからわずか一か月後、地中海のマルタ島で米ソ首脳会談が行われた。この会談の歴史的な意義を強調しようと、「ミスター・グラースノスチ」として知られるソビエト外務省のスポークスマン、ゲンナジー・ゲラシモフ情報局長は「ヤルタからマルタへ」というキャッチフレーズを頻繁に使った。一九四五年のヤルタ会談で始まった冷戦が、このマルタ会談で終結するという意味である。アメリカの大統領はレーガンからブッシュへと代わっていた。会談は激しい嵐のなか、港に停泊したソビエトの客船マクシム・ゴーリキー号で行われた。

アメリカ側はこのとき、ゴルバチョフの改革の決意を本物と確信し、ペレストロイカの成功を全力で支えようとしていた。それと同時に、ソビエト国内の経済悪化や民族問題、路線対立などでゴルバチョフの権力基盤が揺らいでいることを真剣に懸念し、何としてでもゴルバチョフを支えなければならないと必死になっていた。

フィッツウォーターは、当時のアメリカ側の雰囲気を次のように語る。

▼フィッツウォーター

「私たち全員の胸中にあった疑問は、この変化を体験しているソビエトを、アメリカはどうやって支援できるだろうかということでした。ゴルバチョフは、これほどの信じがたい自国の変化を外に伝えたのですからね。

ブッシュは政府に対して、ソビエトを支援する計画を考案するよう命じました。マルタに向かう飛行機のなかで、私たちは何度もこの計画を読み返しました。それは一七項目ありました。ソビエトが世界経済に参加するのを手助けするための方法が一七あったのです。WTO（世界貿易機関）に加盟し、西側先進国から成るG7に一度オブザーバーとして参加すること。アメリカは、ソビエトが貿易を増やせるように、進んで貿易関連の法律をいくつか変更することになりました。

そうしたなかで、ブッシュ大統領がこの計画に目を通し、『本気でゴルバチョフを助けるつもりなんだな？』と聞きました。すると、テーブルについていたスタッフ全員が『もちろん』と答えました。すると大統領は『わかった。それなら、全部やろう！　全部、正しくやるんだ！』と言ったのです。そして、すべてのポイントを強い形に書き換えました。

『提案する』ではなく『する』。『助けるつもりだ』ではなく『実行する』と。そして、『歴史上初めて、アメリカはソビエトのために立ち上がり、ソビエトはアメリカの友人だから助けたいんだとゴルバチョフに知らせたい』と言いました。私たちはその通りにしました」

ペレストロイカを全力で支える

マルタでの会談冒頭、ブッシュは、ゴルバチョフとペレストロイカを支えようという、アメリカ側の強い決意をゴルバチョフに伝えた。

▼フィッツウォーター

「マルタに行き、会談が始まりました。ゴルバチョフは正式なホストでした。ブッシュはゴルバチョフに言いました。

『ゴルバチョフさん、あなたが正式なホストであることは知っています。しかし話を先に進める前に、あなたに伝えたいことがあるのです』。

ゴルバチョフは同意し、ブッシュが一七項目を読んで聞かせました。

沈黙が流れました。静まり返っていました。ゴルバチョフは床をみつめ、それから顔を上げて、『まさに私が聞く必要のあることです』と言いました。つまり彼が耳を傾けねばならないこととは、アメリカが助けたいと思っていること、ソビエトの世界経済への参加をアメリカが手助けするつもりであるということであり、彼はそのメッセージを自国に伝えて、ドイツの統一問題で前に進むのだという決断をすることには、メリットがあるのだと言うつもりでした。本物の興奮でした。

マルタ会談の意味とは、アメリカが初めて『ソビエトは変わったことを認識しているし、あなた方を助けたいと思っている』と伝えたことです。この日ブッシュが明らかにした計画は、いまでも米ロの公式な外交関係の基礎となっています」

マルタ会談では、前月に起きたベルリンの壁崩壊を受けて、東西ドイツの再統一問題が大きなテーマになっていた。フィッツウォーターやマトロックが語る。

▼フィッツウォーター

「ブッシュとゴルバチョフとの最初の会談は、ベルリンの壁崩壊のおよそ一か月後でした。ブッシュ大統領はドイツの再統一の問題に限らず、多くの重要課題をゴルバチョフと語りたいと思っていました。ドイツはゴルバチョフにとっても最重要課題の一つでした。

一週間もたたぬうちに、私たちはマルタに行きました。
そこでゴルバチョフは、『ドイツの将来は、ドイツ人が決めるべきだと考える』という信じられない発言をしたのです。この発言は、マルタ会談が特別な目的を帯びた会談になることを意味していました」

▼マトロック

「ブッシュとゴルバチョフがマルタで首脳会談を行う直前に、ベルリンの壁が崩壊しました。会談でゴルバチョフは、まず『われわれはもはや敵ではない』と言い、東ヨーロッパの共産主義体制の維持のために軍事介入することはないと宣言しました。それに対してブッシュも、こうした事態をアメリカが利用することはないと約束しました。この枠組みのなかで、後にドイツの再統一などをめぐる交渉が行われたのです」

冷戦終結宣言

会談後の記者会見において、米ソ両首脳は、第二次世界大戦後四〇年以上にわたった冷戦が終結したことを宣言した。

▼ゴルバチョフ書記長（当時）
「世界は一つの時代を克服し、新たな時代へと向かっています。われわれは長く、平和に満ちた時代を歩き始めました。武力の脅威、不信、心理的・イデオロギー的な闘争はもはや過去のものになったのです。私はアメリカ大統領に対して、アメリカと戦端を開くことはもはやないと保証します」

▼ブッシュ大統領（当時）
「われわれは、永続的な平和と東西関係が持続的な共同関係になるよう実現することができます。それは、マルタでゴルバチョフ氏と私が、まさに始めようとしている未来の姿なのです」

いったい何が冷戦を終わらせたのだろうか？　冷戦終結のカギになったものは何だったのだろうか？　この疑問に対してフィッツウォーターやマトロックは、米ソ指導者の信頼関係の積み重ね、とくにゴルバチョフのリーダーシップが決定的に重要だったと指摘する。

▼フィッツウォーター

「重要なのは、米ソの指導者が歩み寄り、新しい時代を開いたということです。レーガンとゴルバチョフが関係を築き、変化を開始し、なされるべき個人的な外交を行いました。そして、ブッシュとゴルバチョフが再建計画を開始したのです。だからこそ、『タイム』誌の表紙にブッシュとゴルバチョフの写真が掲載され、『世界を再建する』と書かれたのです。それが二人のなすべき仕事でした。

レーガン・ゴルバチョフ時代の目的とはまったく異なっていましたが、ゴルバチョフはいずれの場合もカギとなっていました。そして、私たちもゴルバチョフのために仕事をしました。『私たちは、この仕事のためにあなたとともにいるのです』と。彼はありとあらゆる問題を抱えていました。内政問題、強硬派の問題などです。しかし、再建計画はあの日に始まったのです」

▼マトロック

「指導者同士の関係の質は、とてつもなく重要であると私は思います。それがなくても何とかなったかもしれませんが、人間関係は確かに助けになりました。ときにとても心動かされる瞬間もありました。たとえば、シュルツ国務長官とシェワルナゼ外相の会談です。

確か一九八七年のニューヨークだったと思います。二人が国連にやってきました。会談が行われ、シュルツはシェワルナゼに人権問題の案件リストを手渡しました。シェワルナゼの前任者たちは、いつも『それはアメリカには関係のない問題だ』と私たちに説教をしたものでした。

しかしシェワルナゼは、リストを手に取ると『ジョージ』と呼びかけました。当時、すでに二人はファーストネームで呼び合っていました。『これは持って帰ります。もしあなたの言っていることが本当ならば、問題を解決するように最善の努力をします。しかし、理解してもらいたいことが一つあります。私はあなたに言われたからそうするのではありません。私の国がなさなければならないことだからやるのです』とシェワルナゼは言いました。

シュルツは立ち上がり、手を差し出しました。シェワルナゼも立ち上がって、テーブル越しに二人は握手しました。シュルツは言いました。『エドゥアルド、私はあなたの国の利益にならないようなことは、決して頼んだりはしませんよ』と。

冷戦は終わりです！　個人と個人の信頼関係！　どちらも互いの国を裏切ったり、相手に対立するようなことはしませんし、利益を見極めるように努力するから、双方が勝者となれるのです。そして、われわれはその通りに行動しました！　ですから、どちらかの国がどちらかを打ち倒したと見ている人々は、あのとき起こったことを完全に歪曲《わいきょく》しています」

冷戦に勝ち負けはない

マルタ会談での冷戦終結宣言のあと、東ヨーロッパでは次々に社会主義政権が崩壊し、東側の軍事同盟ワルシャワ条約機構も解体した。ソビエトでは、クーデター未遂事件が起きたのをきっかけに連邦が崩壊。ゴルバチョフも大統領辞任を余儀なくされた（詳しくは第六章）。こうした経緯から、アメリカが冷戦に勝利し、ソビエトは敗北したというのが一般的な受け止め方になっている。

しかしマトロックは、米ソは協力して冷戦を終わらせたのであり、一方が勝者で他方を敗者とするのは、危険な考え方で間違っていると強く訴える。

▼マトロック

「米ソはいろんな分野で協力しあい、そういう考え方が対立的な冷戦を終わらせたのです。私たちは皆で冷戦を倒したのです！　交渉する目的は、お互いのためになるからということでした。勝者も敗者もありません。皆が勝者なのです。敗者はいません。

立場が違えば、起こったことに対する人々のものの見方は違ってくるものです。アメリカ人は『冷戦に勝った』とか『相手は負けた』とか『超大国は一つしかなかったんだ』という言い方をします。こういうものの言い方は無意味です。

確かに、アメリカは超大国ですし、世界を破壊する力も持っています。しかし、それはいいことでしょうか？　ロシアだって同じです。そういう言い方で相手を変えることはできません。核兵器を保有する理由は、もし核兵器を手放せば、誰かがそれを使って自分を攻めてくるかもしれないという不安があるからです。一番大事なことを忘れてしまうと、こういう堂々めぐりの思考にはまってしまうのです。

指導者は、短期的な競争や対立よりも先の何かを見すえるべきです。競争が生じる分野は常に存在しますが、暴力を排除する努力をしなければなりません。暴力が使われれば、全員の負けです。勝者はいません！　本物の戦争において、『戦争に勝つ』などということはないのです」

マトロックは、冷戦終結のプロセスに深くかかわった体験をもとに、初めから相手を敵とみなす考えをやめ、ものごとを冷静に判断し、その本質を見つめる必要があると強調する。

▼マトロック

「相手を当たり前のように敵であると見なすイデオロギーは、捨てなければなりませんでした。マルクス主義のイデオロギーはそういうものでした。もう一つ必要なことは、お互いを隔てているすべての問題から一度身を引いて、『待てよ、自分たちは正しいことをしているのか？　何か見落としていないか？　こういう対立を避ける方法があるんじゃないか？』と考えてみることかもしれません。

私たちの政策も、往々にしてものごとの細部にこだわり、必ずしも正しくない仮定をし、それから実行し、各国が『これはこうやって、あれはこうやって』と決めます。人々は片側が譲歩すると、それを弱さととらえて、そんなことすべきでないと言います。ですから、冷戦終結に向かわせた理由が一つあるとすれば、米ソ両側がものごとをはっきりと見つめ始めたことにあったと思います。それは、両国民が望んでいたことにも確かにかなうことでした」

内外で異なるゴルバチョフの評価

ロシアでは、冷戦終結から四半世紀たったいまでも、超大国ソビエトを崩壊させた責任があるとして、ゴルバチョフの評価は極めて低い。しかし欧米ではまったく逆に、ゴルバチョフの評価はいまなお高い。アメリカのマトロックも、ゴルバチョフは自分の権力欲よりも自国の利益を優先したとして、非常に高く評価している。

▼マトロック

「ゴルバチョフは、自分が権力にとどまり続けることよりも、自分の国の利益を優先した初めてのソビエトの指導者でした。自分が権力にとどまり続けるために、軍事力を使うということは考えすらしませんでした。これは称賛すべきことだと思っています。

中国の北京で開かれたある会合で、私がこの話をしたときに、ある中国人の学者が、それは間違いだと言ってきました。『あれは、ゴルバチョフの最大の間違いだった』と言うのです。ものの見方の違いですね。しかし、ゴルバチョフは平和を愛する人でした。彼は状況を理解していた人間であり、ソビエトを崩壊させたとして彼を責める人々は、単純に間違っています!

西側からの圧力が、共産主義を倒したわけではありません。ゴルバチョフはソビエトの支配権から共産主義を排除したのです。皮肉なことに、共産党の指導者としてそんなことができたのは彼一人だったのです。共産党というのは組織であり、下からの改革はできませんでした。組織に抑圧の手段があり、指導者がそれを使いたいと思ったから、共産党はKGB（国家保安委員会）を作り、それを排除できなかったのです。ゴルバチョフは、自らの政策によってソビエトの人々を檻《おり》から解放しました。人々はそれを理解していないかもしれませんが、いつか未来の世代が理解してくれたらと思います」

首脳たちの信頼関係

ここまでは、ソビエトとアメリカの首脳たちがいかにして協力や対話を続け、相互不信から相互信頼へと関係を発展させながら、冷戦を終わらせたのかを見てきた。

ゴルバチョフやアメリカの元政府高官らの証言からは、当時、米ソの首脳間の相互理解が前例のない高いレベルにまで達していたことがうかがわれる。それと同時に、ゴルバチョフという強烈な個性を持った稀有《けう》な政治家が、勇気を持って改革を始めなければ、世界はまったく違う方向に動いていたかもしれないという思いを強くする。

ウクライナ危機が起きている現在、ロシアと欧米諸国の首脳の間に冷戦末期のような高い信頼関係がまったくないことを考えれば、現状がいかに危機的であるかがよくわかる。

二〇一五年二月には、フランスやドイツの調停でふたたび停戦で合意したが、先述の通りアメリカは首脳会談に参加しておらず、米ロの激しい対立関係に変化はない。冷戦末期との決定的な違いは、いまの世界に「ゴルバチョフ」がいないことだろう。危機を終わらせるために、イニシアチブを取る首脳が誰もいない。そのことが問題の解決を難しくしていると言える。ただし、冷戦終結に果たしたゴルバチョフの役割が極めて大きかったとはいえ、肝心の改革が挫折し、連邦崩壊を招いたことの責任は免れないだろう。

続く第五章からは、話の舞台をヨーロッパへと移そう。対米関係の改善に取り組んだゴルバチョフが、ヨーロッパ諸国といかに関係改善を進め、冷戦を終わらせたのか。引き続きゴルバチョフなどの証言をもとに紹介していくことにする。

第五章　ヨーロッパの分断克服に向けて

書記長就任後、ゴルバチョフはフランスのミッテラン（左）に接近した
（1989年12月、©Topfoto/amanaimages）

ゴルバチョフの対ヨーロッパ外交

ここまでは、ゴルバチョフの対アメリカ外交の舞台裏を検証してきた。ここからは、ゴルバチョフ外交のもう一つの重要な側面である、対ヨーロッパ外交について見ていくことにしよう。

ヨーロッパでは、ゴルバチョフは大きく二つの課題に直面していた。

一つは「鉄のカーテン」で仕切られていた、東西ヨーロッパの分断を克服することである。ゴルバチョフは、その解決策として「ヨーロッパ共通の家」という構想を打ち出すとともに、NATOとワルシャワ条約機構の通常戦力を大幅に削減し、緊張を緩和しようと考えていた。

もう一つは、東ヨーロッパ諸国との関係を見直すことであった。ゴルバチョフは、東ヨーロッパ諸国にもソビエトにならった改革を行い、民主化や経済改革を進めるように促した。しかし、それはベルリンの壁の崩壊など、ゴルバチョフの予想を超えた事態に発展することになる。

ゴルバチョフにとって、外交の目的は力の誇示ではなく、国内の改革につなげていくための対立国との関係改善であった。「新思考外交」の柱である欧米諸国との関係改善、そして東ヨーロッパ諸国の内政に干渉せず主権を尊重するという方針も、その目的に沿って組み立てられている。

ゴルバチョフの「新思考外交」で、まず西ヨーロッパで相手となったのはフランスだった。そして、最後になって手をつけたのが、東西問題を抱える二つのドイツだったと言ってもよいだろう。

この章では、主に第一の課題、つまり「ヨーロッパ共通の家」の構想や通常戦力の削減など、ヨーロッパの分断克服に向けて、ソビエトとフランスなど西ヨーロッパ諸国との間に見られる攻防について、ゴルバチョフをはじめ、フランスや西ドイツの元政府高官らの証言を交えながら検証していく。したがって、もう一度ゴルバチョフの登場にまで時間を巻き戻して見ていくことになる。そしてそれは、ゴルバチョフの対ヨーロッパ外交のいわば「前半戦」にあたるものだ。後半のベルリンの壁崩壊から東西ドイツの再統一など東ヨーロッパの激動については、続く第六章で述べることにする。

二人の若き補佐官

ゴルバチョフの「新思考外交」に向き合った人物に、フランスのミッテラン大統領の特別補佐官を務めたジャック・アタリがいる。そして西ドイツでは、ゴルバチョフと近い年齢のコール首相に、切れ者の補佐官ホルスト・テルチクが常に寄り添い、アドバイスをしていた。

このテルチクとアタリが、冷戦終結をめぐる交渉のなかで、実務レベルで動いた中心人物である。私たち取材班は、この二人へのインタビューも欠かせないと考えた。

アタリとテルチクは、互いにその存在を強く意識し合う間柄だった。ベルリンの壁崩壊からドイツ統一に至る舞台裏を記した、テルチクの著書『歴史を変えた329日』（三輪晴啓・宗宮好和訳、NHK出版）には、「今日はアタリと電話で話したのだが」という記述が何度も出てくる。一方のアタリも、今回の取材中「私は一九八八年ごろ、テルチクとベルリンの壁が壊れるかどうか、賭けをした。勝ったのは私。一九九〇年よりも前に壁が崩壊するほうに私は賭けていた」と、テルチクへの対抗心を隠そうとはしない。

そんな二人に行った今回の取材も、対照的な人物像を映し出す。テルチクが謹厳実直なドイツ人そのものだとすれば、アタリはフランス人らしく気まぐれなアーティスト気質。アタリは、一九八一年のミッテラン政権発足とともに大統領補佐官に就任したが、そのとき三七歳という若さだった。テルチクはその三つ年上となる。冷戦終結期のヨーロッパを動かしたのは、三〇代後半から四〇代後半のばりばりの働き盛りの人たちだった。

アタリとテルチクは、冷戦終結後も外交や内政の第一線で活躍している。とくにアタリは、「右寄りの政権からも左寄りの政権からも、知恵を貸してくれと頼りにされる人物」

と評価される。現在に至るまで、ずっとフランスの政治の第一線で活躍し、その発言が注目されてきた。今回のインタビューでも、冷戦を終結へと導いた「力」が何だったのか、国際政治の本質をより深くつきつめて語ろうという姿勢が感じられた。

本章以降は、ゴルバチョフに加えて、テルチクとアタリへのインタビュー取材をもとに話を進めていきたい。

ゴルバチョフ登場で吹いた風

さて、第二章で述べたように、ゴルバチョフの外交デビューとなったのは、一九八五年のチェルネンコの葬儀であった。西側各国を代表する要人が訪れるなか、その場を仕切る五四歳のゴルバチョフは、ソビエトに新しい時代が訪れる可能性を鮮やかに印象付けた。

弔問客の顔触れには、その後のソビエトのヨーロッパ外交で重要な交渉相手となる首脳がそろっていた。イギリスのサッチャー首相、フランスのミッテラン大統領、そしてベルリンの壁の崩壊と東西ドイツ再統一の問題で向き合うことになる、西ドイツのコール首相などである。

それぞれの首脳と精力的に会談を行ったゴルバチョフは、回想録にこう記している。

「その時、私は何か私を目がけて風が吹いて来るような感じを受けた。私の発言は彼らの気持をとらえたな、と私は理解した。（……）こうした首脳との会談は短時間だったが、私は単刀直入に、自分は国内問題だけしか知らない人間ではないということを相手にわからせるように話を進めた」（上巻三四九－三五〇頁）

同じ風をこの場に来た西側首脳陣も受け止めていた。

ブレジネフ、アンドロポフ、チェルネンコと老いた指導者が続き、彼らが現役のまま死亡して、次へと引き継ぐという事態。それ自体が、ソビエトの末期的な硬直状態を示していた。停滞と保守化を重ねていたソビエトが、新しい指導者の登場によってどのような方向に向かうのか。それすらもまだわからないなかで、フランスのミッテラン大統領はゴルバチョフに注目していたと、補佐官だったアタリが証言する。

▼**アタリ**（元フランス大統領補佐官）

「チェルネンコ政権のころ、クレムリンで晩餐会がありました。ミッテランが訪問し、まずチェルネンコと会いました。彼は高齢でとても弱っており、側近に腕を支えられようやく立っていました。そして、ミッテランと私の前で文書を読み始めます。私たちはぞっとしました。『武装は続き冷戦も続く、ますます状況は悪くなる』というような内容だったからです。目の前に『戦争』という文字が浮かびました。もし私たちが彼らの要求を飲まなかったら、どうしようというのか。

そして晩餐会でのことです。ミッテランとチェルネンコが同じテーブルに着き、私も同席しました。そこに一つだけ空いた椅子《いす》がありました。その席に来たのがゴルバチョフでした。ディナーが始まると、チェルネンコが彼に聞きました。『どうして遅れてきたのですか?』と。本来こういうことは通訳しないものですが、こちらの通訳が訳しました。ゴルバチョフは平然と『私が遅れたのは、アゼルバイジャンの農業についての会議のためです』と言いました。チェルネンコは『何があったのか?』と聞き返す。彼は『農業の状態が悪いのです』と言い、『アゼルバイジャンの状況が悪いのか?』との質問に、『アゼルバイジャンだけが悪いのではありません。悪い状況にあるのはソビエト全体です』と答えたのです。

ジャック・アタリ

私たちは、政府内にこんなことを言う人物がいる、しかも、外国人の前でチェルネンコをやり込めている！　と驚きました。このとき私たちは『チェルネンコ政権はもう続かないだろう』と考えました」

ゴルバチョフのノート

社会主義を掲げるなかで硬直化していたソビエトの政権に、これまでとは違う資質を持った人物が、新しい書記長として登場する。ソビエトとの関係の変化を模索していた西側各国は、これまでと違う考えを示そうとするゴルバチョフの「資質」を、積極的に探り始めた。ここでもゴルバチョフのノートの使い方が注目を集めている。

▼アタリ

「ミッテランとゴルバチョフが、初めて顔を突き合わせた会談で、ミッテランは彼のやり方を見ていました。いままでのソビエトの首脳たちは、いつも書類を読んでいたからです。ゴルバチョフも同じではないかと思っていました。

ミッテランが議題について話し始めると、ゴルバチョフがちょうど書類を出したので、ミッテランは『やはり彼も前任者たちと同じだな』という視線を私に送ってきたのです。ところが、次の瞬間でした。ゴルバチョフは書類を裏返してペンをとり、その書類をノート代わりにしたのです。

これは、私たちにとって驚きであるとともに、古い体制が終焉《しゅうえん》を迎えるサインだと感じました。書いたものを読むことは一切せず、考えながらノートを取る、一人のたいへんオープンな男が目の前にいる。私たちにとってこの日の彼の行動は、ソビエトの終わりと新しい時代を告げていました」

一方、西ドイツもゴルバチョフの登場に強い関心を示していた。コール首相の外交顧問としてソビエトとの交渉にあたったテルチクは、コール首相が弔問外交に参加したのは、ゴルバチョフに会うためだったと語る。

▼テルチク（元西ドイツ首相外交顧問）

「コール首相とゴルバチョフ書記長の最初の会談は、一九八五年三月、彼（ゴルバチョフ）の前任者であるチェルネンコの葬儀の翌日に行われました。コール首相はモスクワでの葬儀に赴きましたが、それはチェルネンコの死去のためではなく、葬儀の翌日にその後継者であるゴルバチョフとの会談が可能であったという事情からです。首相は——私も会談に参席しましたが——、三人の重病の書記長のあとにやっとふたたび若くて健康な書記長を目の前にできた、という変化を経験しました。そして二つ目の変化は、ゴルバチョフはすべての前任者のように、前もって準備された声明を読み上げたのではなく、完全にフリーかつオープンに議論することができ、進んでそうしようとしていたことです」

しかし、書記長就任直後のゴルバチョフには、関係改善の意欲はあったものの、具体的にどのように関係を改善していくのかという政策はなかったと見ている。

ホルスト・テルチク

▼テルチク

「コール首相とゴルバチョフの最初の会談では、新しい政策はまだはっきりとは見えませんでした。ゴルバチョフも、ドイツとの関係発展はドイツの安全保障上の決断に左右されると言いました。その当時、ドイツと西ヨーロッパにおけるアメリカの中距離ミサイルの配備が問題となっていましたからね。ゴルバチョフのメッセージはこうでした。『こうした政策を続行するなら、関係改善はない』。ゴルバチョフは実際のところ、一九八七—

八八年になって、ペレストロイカとグラースノスチの方向へと政策を変えました。そのあとになって、新しい可能性が生まれると認識できるようになったのです」

冷戦下のヨーロッパでの対立

西ヨーロッパの首脳から強い関心を集めたゴルバチョフの登場だが、そもそも冷戦下のヨーロッパはどんな状況になっていたのだろうか?

一九七〇年代、米ソだけでなく、東西ヨーロッパも緊張緩和の時代だった。そのヨーロッパの緊張緩和を主導したのは西ドイツだった。六九年に登場したヴィリー・ブラント首相は東方外交(オストポリティーク)を推進した。それは、それまで存在を認めなかった東ドイツを事実上国家として認め、オーデル・ナイセ線と呼ばれた東ドイツ・ポーランド間の国境線を承認するなど、東側諸国との和解を目指すものだった。これによって、ソビエトと西ドイツの武力不行使条約や東西ドイツ基本条約などが締結され、西ドイツと東側諸国との関係は大きく改善された。こうした西ドイツの東方外交は、後任のヘルムート・シュミット首相にも引き継がれた。

この東西共存の流れのなかで、一九七五年には、ヘルシンキで東西ヨーロッパなど三五か国の首脳が参加して、全欧安保協力会議の首脳会議が開かれ、「ヘルシンキ宣言」と呼ばれる合意文書が採択された。戦後のヨーロッパの国境の不可侵、領土保全、内政不干渉、人権や自由の尊重などを定めた、画期的なものである。

このときソビエトは、人権や自由の尊重の原則の受け入れに強く抵抗したが、国境線の不可侵や領土保全、内政不干渉の原則と引き換えに最終的に妥協した。

しかし、一九七九年にソビエトがアフガニスタンに軍事侵攻したのをきっかけに、ヨーロッパでもふたたび東西の緊張が強まった。第二章でも触れたように、ソビエトは七〇年代から国内に強力な中距離ミサイルSS20を配備し、これに対してNATOは西ヨーロッパにアメリカの最新鋭の中距離ミサイル・パーシングⅡや巡航ミサイルを配備することを決定し、対立が深まっていた。

当時の状況をテルチクが次のように語る。

▼テルチク

「ブレジネフが中距離ミサイルSS20を配置して、新しく軍備拡張を開始しました。このソビエトのミサイルは、主な敵であったアメリカに向けられていたのではなく、よりによってヨーロッパに向けられていたのです。これに対してNATOは、一九七九年、ソビエトの中距離ミサイル配備への回答として、ソビエトがこれらを撤去しなければ、アメリ

NATOとワルシャワ条約機構の勢力概況図（〜1980年代）

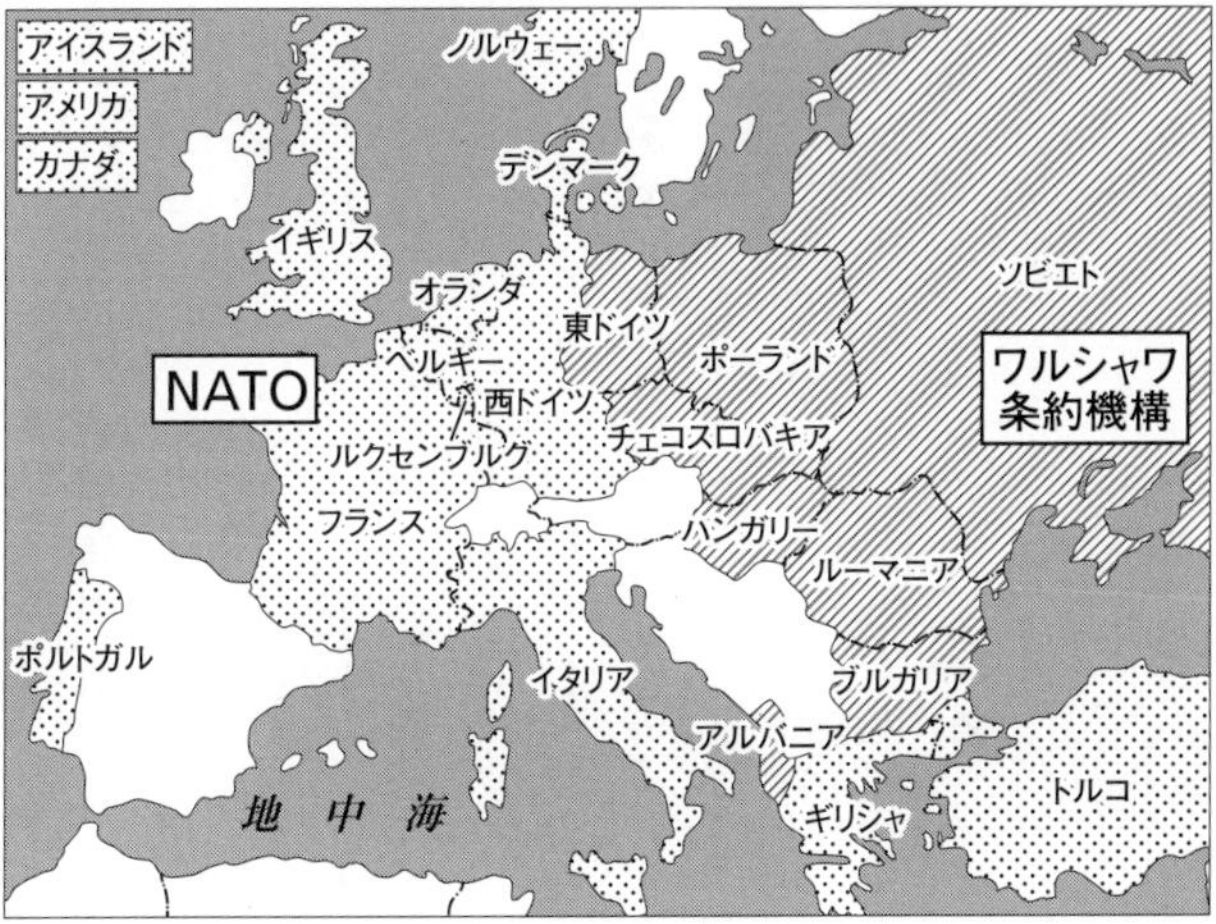

カのミサイルを配置すると決定しました。

　このとき、軍拡に反対する大きなデモが起こりました。五〇万人が街頭に出て、西側の軍拡に対してデモを行いました。しかし、ヘルムート・シュミットの連邦政府は、断固とした決意で交渉を迫り、ソビエトが軍備を縮小しないなら、アメリカのミサイルを配備すると迫りました。そしてコールも同様の政策を行ったのです」

フランスへの接近

　アメリカによる中距離ミサイルの西ヨーロッパ配備に対して、ソビエトは強く反発。一九七〇年代から始まった東西ヨーロッパの通常戦力削減交渉は中断に追い込まれた。そうしたなかで政権の座についたゴルバチョフは、西側諸国との分断を克服する「新思考外交」を打ちだした。ヨーロッパにおいてその主軸となったのが、対フランス外交である。

フランスは、書記長に就任したゴルバチョフが最初に訪問した西側の国だった。なぜゴルバチョフは、フランスとの関係作りを一番に選んだのだろうか？　そこには、冷戦下のヨーロッパで独自のスタンスをとり続けたフランスの位置が大きくかかわっている。ソビエトが西側と対外関係の改善を進めようとするとき、どの国がもっとも摩擦が少ない相手となるだろうか？

西側を警戒する姿勢をすぐに変えることのできないソビエトにとって、東西に分裂していたドイツは、まさに東西冷戦の最前線となっていた。東ドイツを同盟国とするソビエトにとって、その交渉は、まずお互いの相反する利害の調整から行わなければならない。またイギリスは、ソビエトと対峙する超大国アメリカと極めて近い同盟関係にある。

それに対して、アメリカとも距離を置き、自らを「ヨーロッパの盟主」と任じて独自の外交を展開しようとするフランスは、当時の国際情勢のなかでヨーロッパ外交に取り組むとき、ソビエトにとってはもっとも近づきやすい国だったのである。

独自の外交を貫く大国フランスとの関係は、その後の展開を積み上げるためにも重要だった。のちにＥＵへと発展した欧州共同体（ＥＣ）を作る中心となったフランス。欧州議会の本会議場をドイツに接するストラスブールに置くなど、戦後ヨーロッパでのリーダーシップを目指していた。

その理論的な中心となったアタリが、ソビエトとの関係作りを証言する。

▼アタリ

「核を保有する世界の国のなかで、ソビエトと対話をすることができる力を持った国が、フランスだったのです。フランスは、ヨーロッパでとても大きな力を持っていました。外交の接点を探るゴルバチョフは、その改革の推進をフランスに支援してもらいたかったのです。ですから、二国間のとてもダイレクトで明確な関係は、すぐに確立されました」

ヨーロッパを戦場としないために

一九八五年一〇月二日、ゴルバチョフがフランスを訪問する。「新思考外交」による西ヨーロッパとの関係作りの第一歩が始まった。帝政ロシア時代にもさかのぼるフランスとの強い二国間の絆、さらに第二次世界大戦においてナチスドイツのファシズムとも共同で戦った仲間意識。そうした歴史も、この二国間関係をソビエト側が特別なものと考える要素となっていた。
ゴルバチョフ自らが当時のことを振り返る。

▼**ゴルバチョフ**（元ソビエト大統領）
「初めての西側への訪問はフランスでした。ロシアとフランスには、古くからの関係があります。その影響はいまだに残されています。フランス南部にあるミッテランの農園にも行きました。私たちは非常に親しい関係を築いていきました」

この訪問でゴルバチョフは、ソビエトがヨーロッパの一員となって共通の利益を図りたいとする姿勢を示す。ゴルバチョフの新しい外交戦略の布石であった。
それは、ヨーロッパの荒廃をもたらした二つの大戦を受けて、ヨーロッパの統合を目標に掲げようとするミッテランの考えにも通じるものがあった。ドイツと敵対することのない良好な関係を構築しなければ、ヨーロッパがふたたび戦場にならないようにすることはできない。また、かつてのドイツとの関係がそうだったように、ソビエトとの関係が緊張から決定的な対立に進んでしまえば、ふたたび戦場がヨーロッパ全土に広がってしまう。こうした戦争の教訓も、フランスがソビエトと向きあう意図のなかには含まれていた。

さらにアタリは、フランスの対ソビエト外交には、より壮大な戦略が秘められていたという。

▼アタリ

「私たちフランスは、第二次世界大戦後、ドイツとはもう戦ってはいけないことを理解しました。ドイツと同盟を結ぶこと、これは戦争に戻ることを回避するための必要条件なのです。

同様にミッテラン大統領と私は、東ヨーロッパやソビエトと西側ヨーロッパとを結ぶ、『大ヨーロッパ連合』を作る必要がある、という考えを持っていました。技術進歩による発展と歩調を合わせて、ソビエトを含むすべてのヨーロッパの国が集まり、東西ヨーロッパが互いの関係を築いていくというものです。私たちの考えは、ヨーロッパとモスクワを結びつけることだったのです。ゴルバチョフの登場により、その実現の可能性が生まれていました」

ミッテラン政権において大統領補佐官となったアタリは、政策アドバイザーとして重要な役割を果たしていた。その彼が参画するミッテラン政権は、現在のＥＵよりも大きな枠組みとして、ソビエトや東ヨーロッパ諸国と、西側ヨーロッパとを合わせた「大ヨーロッパ連合」の構想を持っていたのである。

最初の訪問後、ゴルバチョフは、このフランスの姿勢を足掛かりに、ヨーロッパとの関係改善を進めたいと考えていた。アタリが証言する。

▼アタリ
「私たちはよく会っていました。ミッテランとゴルバチョフは、二か月に一回は会合を開いていたのです。ゴルバチョフは、自分がアメリカに何をしてほしいのか、そして彼らに何が言えないのかを説明しながら、手伝ってくださいと言っていました。また、ドイツやイギリスは何も理解してくれない、それに対しても手伝ってほしいと言っていたのです。あなたたちが私をサポートしないと、最悪な状況になるだろう、と。このような発言が頻繁に聞かれました」

ソビエトの地政学的な位置づけ

軍事的な対立が前面に出ることで、密接なつながりを持つことが困難だったそれまでの西側各国とソビエト。ゴルバチョフは、その橋渡し役をフランスに期待していた。

▼ゴルバチョフ

「ミッテランとは非常にいい関係ができました。彼と一緒に作業し、よく意見交換をしていました。彼はよくロシアに来ましたし、私も彼のところに行っていました。こうして相互理解ができました。彼は、ソビエトのブロックと欧米のブロックの二つに分かれたヨーロッパに、『新しい連邦』を作ることを提案していました」

地政学的なソビエトの位置を俯瞰《ふかん》してみたときに、その帰属をどう考えるかは、ソビエトが新しい外交を進めるなかで大きな課題となる。ユーラシア大陸の東西にまたがり、アジアであり、ヨーロッパであるソビエトの位置が、連邦国家を維持することの難しさを示している。南にはイスラム圏とアフリカがあり、東には中国と太平洋上の日本、さらにベーリング海を挟んでアメリカ大陸とも向き合う広大なシベリアを抱えているからだ。ロシア人独特の大陸的な精神風土にもつながる「大地」という言葉が、その茫漠《ぼうばく》と広がる国家像の原点を示している。

その国家観は、北米に位置し、大陸の範囲が一つの同盟圏となっているアメリカとは、決定的に違っていた。ゴルバチョフは、そのソビエトの地理的な帰属を再構築し、ヨーロッパの一員としてとらえなおしたいと考えていたのである。

第四章までで見てきたように、ゴルバチョフ外交において、アメリカとの関係づくりの主軸となっていたのは、国内経済を疲弊させる最大の要因、つまり核兵器による限りない軍拡競争に終止符を打つことだった。そのためにはまず、対立軸の中心となるアメリカとの関係改善が欠かせないと考えていた。

それに対して、ゴルバチョフの考えるヨーロッパ外交は、違った様相を示していた。つまり、冷戦によって隔てられていた東西ヨーロッパの垣根をなくし、共通の利害を持つ関係に発展させたいという考えが、根底に横たわっていたのである。

地政学上のヨーロッパは、一九世紀まで、ロシア南北に横たわるウラル山脈の東を境に、アジアとの境界線が引かれると規定されていた。その図式が作り出すのは、ヨーロッパと同じ圏内にあるという、帝政時代から続くロシアの帰属意識である。ゴルバチョフが改革を進めていくよりどころとして、「ヨーロッパ」の境界線を大きく越えたソビエト連邦という形で二〇世紀に形成された国家を、どういう地政学上の位置にあてはめるのか、新しいソビエトの将来像を作る上で避けて通れない葛藤があった。

「ヨーロッパ共通の家」構想

初めての西側訪問となるミッテランとの会談でも、ゴルバチョフはヨーロッパに対する特別な関心を示そうとした。それは、「ヨーロッパ共通の家」という構想の始まりであった。『ゴルバチョフ回想録』には、次のように書かれている。

「われわれはあなたたちと共にこのヨーロッパに住んでいます。(……)ある者はそちらから、またある者はこちらからと、出入口はちがっても、われわれは同じ家に住んでいるのです。この家の中で協力し、コミュニケーションを調整することが、われわれには必要なのです」(下巻八三頁)

このとき始まった「ヨーロッパ共通の家」というゴルバチョフのアイデアは、対ヨーロッパ政策の基軸となっていく。その後のペレストロイカのなかで「新思考外交」を進めながら、これまで「鉄のカーテン」によって隔絶されていた東ヨーロッパの在り方も変え、東西を融和させようとするものである。しかし、この段階でのミッテランは、まだ訝《いぶか》しげだったとゴルバチョフは語っている。

ゴルバチョフが掲げる「ヨーロッパ共通の家」という目標が、現実的にはかなり困難な課題であったことは、それから三〇年が過ぎた二一世紀のいまでも、東西関係が対立軸として残り、まだ実現に遠い状態にあることが示している。その基本理念に対する気持ちとは別に、今回のインタビューでゴルバチョフが見せた「ヨーロッパ共通の家」へのトーンは、ずいぶん冷めたものとなっている。

▼ゴルバチョフ

「この家は建てなければならないものでした。『ヨーロッパ共通の家』は一つのアイデアでしたが、どのような家を建てるかを決めなければなりませんでした。どの方法を選んで、どのような形に築くのか？　一人で作るのか、それとも全員で作るのか？　本当に皆が一緒になって家を建てることができるのか？　私はいまでもこの話をしています。

一方、ある人は、ＥＵの拡大とＮＡＴＯの拡大によって、この家を建てることができると言います。しかし私は、そのようなやり方では、新しい家はできないと思います。なぜなら私の考える家は、西からだけでなく東のほうからも一緒になって建てなければならないからです」

この発言は、冷戦終結を先導してきたかつての指導者として、現在のウクライナ危機で、ふたたびヨーロッパとロシアとが、厳しい対立に直面していることへの反発と西側陣営への疑問を踏まえたものだ。冷戦終結から二〇年以上の時間が過ぎても、彼の唱えた「ヨーロッパ共通の家」への取り組みが、旧ソビエト圏まで含めた形では進んでいかなかったことへの不満と不信が込められている。

エリゼ宮ディナーでの合意

では、ゴルバチョフが外交の切り札と考えた「ヨーロッパ共通の家」は、フランス訪問を繰り返すなかで、どのように進んでいったのだろうか？　すこしずつ進んでいたミッテランとゴルバチョフの関係が、同じ理念を共有するまでにたどり着くには、やはり晩餐会でのやり取りが大きな役割を果たしていた。

一九八九年七月、改革を進めて五年目になっていたゴルバチョフは、フランスを訪問してミッテランとの会談を行った。翌日に欧州議会での演説をひかえた、首脳同士の重要な話し合いの場となるものだった。

晩餐会が開かれたのは、大統領官邸エリゼ宮。残された資料から、当時のメニューが浮かび上がる。

実は、今回取材したディナーのなかで、もっとも苦労したのがこのときのメニューであった。当時、実際に料理を作ったエリゼ宮の総料理長ジョエル・ノルマンに問い合わせたが「覚えていない」との答え。調べていくと、フランス料理界はミッテラン大統領に対して、かなり特別な印象を持っていたことがわかった。ミッテランは、エリゼ宮の専属シェフ以外にも、外部からシェフを呼んでプライベートな料理を作らせるなど、エリゼ宮の伝統を無視する行動が多かったという。ノルマンもフランスメディアのインタビューに対して、「一番の問題児だった」と答えている。そのせいもあってか、ミッテラン時代のことはほとんど記録として残されていない。

しかし、意外なところでメニューが見つかった。エリゼ宮に古くからシャンパンを提供している会社が、エリゼ宮の料理を再現しようと試み、エリゼ宮の情報を徹底的に集めていたのだ。そのなかで、一九八九年七月五日のメニューが明らかにされていた。食卓に並んだのは、こんなメニューだった（別表）。

ミッテランは季節の食材にこだわった。この豪華な料理を前に、ミッテランとゴルバチョフは率直に話し合った。このとき、ミッテランは次のように述べたという。「過去五十年の間で初めて、欧州を分裂と対決の時代から離脱させ、和解と合意の道に旅立たせるチャンスをわれわれは手にいれようとしています」（『ゴルバチョフ回想録』下巻二一三頁）

この発言に賛意を示したゴルバチョフは、「戦後期は終わったと断言する根拠が、私にはある」とした上で、ヨーロッパ情勢が迎えている局面に強い期待を示す。書記長として国際外交の舞台に登場して以来、一〇〇回を超える首脳会談を行ってきたゴルバチョフとミッテラン。そこで常に取り交わされたのが、ソビエトの将来の姿とヨーロッパとの関係というテーマであった。そこには、旧態依然としたソビエトの終焉という確信も色濃く含まれていたとゴルバチョフは言う。

多くの人が集まる場では困難な、首脳としての真情の吐露と決意の共有。ゴルバチョフとミッテランは、晩餐会の場でそれを行った。翌日に控えていた欧州議会での歴史的な演説、さらにその二日後に行われるワルシャワ条約機構首脳会議での、対ヨーロッパ政策を決定的に変える演説。東西両側に向けた二つの表明を一気に行うために、ゴルバチョフにとってミッテランとの合意の共有は欠かせないものだったのである。

前菜	アマダイのシャルトルーズ（カトリックのカルトジオ会の修道士が生み出した野菜のケーキ）
メイン	仔羊のショートロイン・ロチィーと野菜添え 蒸しジロール茸
チーズ	
デザート	白鳥アイスとアーモンドミルク

パリでのミッテランとの会談のあと、ストラスブールの欧州議会で、ゴルバチョフは「ヨーロッパ共通の家」構想の詳細な内容を発表する。ソビエトや東ヨーロッパを含めたヨーロッパ全域を統合し、経済と安全保障の促進を提言するものである。第二次世界大戦終結後の課題だったヨーロッパの分断を克服し、共通の価値観を持つことへ強い期待を示すものだった。

欧州議会での演説を終えたゴルバチョフは、すぐにルーマニアを訪問する。ゴルバチョフの外交戦略にとってたいへん重要な会議が、この翌日の七月七日から始まっていたためである。ルーマニアのブカレストで開かれた、ワルシャワ条約機構の首脳会議。それは、西側ヨーロッパに示した「ヨーロッパ共通の家」構想を東ヨーロッパ諸国にも伝え、それに向けた準備を促すための場であった。ゴルバチョフは、新しい時代を迎えるという覚悟を、西側と同時に東側諸国に向かっても語ったのである。

一九八九年七月五日のエリゼ宮の晩餐会は、ゴルバチョフが冷戦に終止符を打つべく、対ヨーロッパ戦略を不退転の決意で進めるための分水嶺だった。それに続く西側の欧州議会と東側の首脳会議におけるゴルバチョフの演説は、東ヨーロッパを束ねるソビエトのこれまでの体制が終焉することを示す、象徴的な出来事であった。そしてそれは、四か月後にベルリンの壁崩壊として表面化することになる。

ヨーロッパの通常戦力の削減へ

「ヨーロッパ共通の家」構想に加えて、ゴルバチョフが推進しようとしたのがヨーロッパの軍事力の削減であった。

ヨーロッパの通常戦力をめぐっては、一九七五年の全欧安保協力会議の首脳会議において、NATOとワルシャワ条約機構の間で合意していた。核兵器以外の通常戦力を削減し、信頼醸成措置を実施するための交渉を始めるというものである。しかしその後、一九七九年にNATOがソビエトに対抗して、西ヨーロッパに中距離ミサイルを配備する決定をしたことにソビエトが強く反発して、交渉は中断した。だがゴルバチョフは、一九八六年四月、ヨーロッパの通常戦力削減の対象地域を「大西洋からウラルまで」拡大するように提案し、これをきっかけに削減交渉が動き始めることになった。

ゴルバチョフはその後、ソビエトの通常戦力の一方的な大幅削減に乗り出す。一九八八年一二月、ニューヨークの国連総会で演説し、ソビエト軍の兵力を五〇万人削減し、東ヨーロッパ諸国から一方的に五万人のソビエト軍兵士を撤退させると発表したのである。当時、東ドイツやハンガリーの駐留軍など東ヨーロッパ全体には、五〇万ものソビエト軍が配備されていた。こうしたゴルバチョフの方針は、やがて東西ドイツの再統一が実現したあと、一定の成果を見ることになる。

東ヨーロッパへの外交

フランスとの外交を始まりにゴルバチョフが進めてきた対ヨーロッパ外交、そのもう一つの柱が、東ヨーロッパ諸国に対する外交である。この関係でとくに重要なのが、悪名高いブレジネフ・ドクトリンを放棄したことである。

冷戦時代、東ヨーロッパの社会主義諸国はソビエトの「衛星国」だった。何度か自由化や民主化が試みられたが、ソビエトは軍事介入によってそれを押しつぶしてきた。

一九六八年八月、同年初頭から起きていたチェコスロバキアの「プラハの春」と呼ばれる民主化運動を、ソビエトは戦車で圧殺した。ブレジネフ・ドクトリンとは、当時のソビエトの指導者ブレジネフ書記長が、その侵攻を正当化するために打ち出したものである。つまり、社会主義圏全体の利益を守るためには一国の主権は制限されてもやむを得ないというもので、長年東ヨーロッパの民主化や自由化の動きをしばってきた。

そうした関係に大きな変化をもたらしたのが、ゴルバチョフだった。ゴルバチョフはその回想録のなかで、一九八五年に書記長に就任した当初から、ブレジネフ・ドクトリンとの決別を考えていたことを明らかにしている。実際にゴルバチョフは、政権発足当初から東ヨーロッパの指導者たちに、平等な関係、各国の主権と独立の尊重に賛成だと表明していた。

だが、ソビエトの前任者たちも口ではそう言いながらも、実際には抑圧的な態度をとってきたため、まともに信じてもらえなかったと回想録で述べている。たとえば、就任二年目の一九八六年二月、モスクワで開かれた第二七回ソビエト共産党大会で演説した東ドイツの指導者エーリッヒ・ホーネッカーの次の演説を見ても、旧態依然とした当時の雰囲気がよく伝わってくる。

「社会主義を目指して戦うとともに、友人としてレーニンの国ソビエトに限りない連帯を感じています。共産主義の光に導かれて新しい世界を建設しましょう」

ブレジネフ・ドクトリンの放棄

ゴルバチョフ自身は、決して他国の内政に干渉したり、押し付けたりはしていないと主張する。東ヨーロッパとの関係で主張したのは、相手の主権と独立を尊重すること、内政に干渉しないこと、多様な社会主義を認めることなどだった。ゴルバチョフは、こうした考えをさまざまな場面で述べている。なかでも、一九八八年三月にユーゴスラビアを訪問した際に発表された新ベオグラード宣言は、ブレジネフ・ドクトリンの放棄を内外に宣言したものと受け取られている。

この宣言は、ブレジネフ・ドクトリンを否定し、多様な社会主義を認めるなど、東ヨーロッパ諸国の自立と民主化を促すものとなっている。このとき、ゴルバチョフは演説で次のように述べている。

▼ゴルバチョフ書記長（当時）

「一握りの大国が世界を分割し、その利害を他国に押し付ける時代は終わりました。いま、新しい世界の枠組みが生まれつつあるのです」

こうしたゴルバチョフの改革姿勢が口先だけのものではなく、長期的なものであることがわかってくると、東ヨーロッパ諸国ではペレストロイカ、とくにグラースノスチと民主化に反発が強まった。

ゴルバチョフは、回想録のなかで、一九八七年初めにそうした拒否反応が強く表れたと述べている。拒否反応を示したのは、東ドイツのホーネッカー国家評議会議長、ルーマニアのニコラエ・チャウシェスク大統領、ブルガリアのトドル・ジフコフ国家評議会議長、チェコスロバキアのグスタフ・フサーク大統領であった。ホーネッカーは、ペレストロイカの道は東ドイツにはなじまないと宣言。長期政権を維持していたこれらの指導者は、ソビエトの改革の波が国内におよび、権力を失うことを恐れたのである。これに対して、ハンガリーのカダル・ヤーノシュ書記長、ポーランドのヴォイチェフ・ヤルゼルスキ国家評議会議長は、最高度の相互理解を示したと述べている。

さらに重要だったのは、一九八八年一二月、ゴルバチョフがニューヨークの国連総会で行った演説である。そのなかでゴルバチョフは、三年間の「新思考外交」の成果を強調するとともに、さまざまな国の多様な発展を実現する条件として、選択の自由の原則を認めるべきだと指摘した。これは、東ヨーロッパ諸国が選挙でたとえ違う体制を選んだとしても、ソビエトは共産主義体制を強制しない、体制選択の自由を認めるということで、非常に画期的なものであった。

一九八九年六月、ゴルバチョフは西ドイツを訪問した際にも、共同宣言で民族の自決権と体制選択の自由を強調し、ブレジネフ・ドクトリンを放棄する考えを示している。

また、ソビエト外務省のスポークスマンであるゲンナジー・ゲラシモフ情報局長は、同年一〇月、ソビエトの

本章関連年表

1945年	ヤルタ会談
1949年	NATO（北大西洋条約機構）結成
1955年	ワルシャワ条約機構結成
1961年	ベルリンの壁建設
1968年	プラハの春
1975年	全欧安保協力会議がヘルシンキ宣言を採択
1976年	ソビエトが中距離ミサイルSS20の配備を開始
1979年	NATOが西欧諸国に中距離ミサイルの配備を決定
1981年	ミッテランが大統領に就任
1982年	コールが首相に就任
1985年	ゴルバチョフが書記長に就任
1986年	ヨーロッパ通常戦力削減交渉の提案
1987年	「ヨーロッパ共通の家」構想の発表
1988年	ブレジネフ・ドクトリンの放棄を宣言

対東ヨーロッパ政策は、フランク・シナトラの歌のように「マイ・ウェイ」だと述べ、大きな関心を集めた。つまり、ソビエトは東ヨーロッパの独自路線を認め、彼らがたとえ社会主義とは違う政権を選んだとしても、ソビエトは軍事介入しないという方針を表明したのである。

ヨーロッパを巻き込むうねり

「社会主義は、いま重大な変化を経験している。いかなる国もこの変化を避けることはできない」

東ヨーロッパ各国の民主化を促そうとする、ゴルバチョフの言葉である。ブレジネフ・ドクトリンの放棄によって、それまでソビエトの「衛星国」と考えられてきた東ヨーロッパの国々にも、変革の波が押し寄せるようになっていた。

東ヨーロッパの国々は、民主化へと向かって大きく舵を切ることになる。しかし、軍事力を背景に結束していた同盟関係に手をつけ、それぞれが民主化を進めていくことによって、ゴルバチョフが描いていた将来像とは違った変動が生み出されていくことになる。

ゴルバチョフの「新思考外交」が生み出した「ヨーロッパ共通の家」という構想。その前半は、フランスとの交流を糸口にした西ヨーロッパとの関係作りと、東ヨーロッパ各国への意識改革の要望であった。統一した歩調で歩んでいた国々に、それぞれの道を行くことを求めたのである。それが、どこまで、どのように進むのか。五年目を迎えていたゴルバチョフのヨーロッパ外交は、冷戦終結に向けた「後半戦」へと進んでいった。

そしてゴルバチョフ改革の外交における進路は、やがてヨーロッパ全域に影響を与え、想像を超えた変動を生み出していった。ベルリンの壁の崩壊をはじめ、東ヨーロッパの社会主義政権が相次いで崩壊し、東西ドイツの再統一へと行きついたのである。その様子は、続く第六章で見ていくこととしよう。

第六章　ドイツ再統一とソビエト崩壊

東西ドイツを隔ててきたベルリンの壁崩壊を祝福する市民たち
（1989年11月、写真提供：Picture Alliance/アフロ）

後半戦のヨーロッパ外交

前章で見たように、ゴルバチョフがブレジネフ・ドクトリンの放棄や東欧諸国の主権の尊重、内政不干渉などの方針を打ち出し、それを実行する姿勢を示すと、東ヨーロッパでは自由化に向けた民衆の動きが次々と表面化していった。

一九八九年、ポーランドでは自主労組「連帯」によって、民主化運動に火が付いた。続いてハンガリーでも民主化の動きが進み、オーストリアとの国境にそって設置されていた鉄条網が一斉に撤去された。冷戦の東側陣営が大きく変わっていく。それが、どこまで、どのように進むのか。ゴルバチョフのヨーロッパ外交は、冷戦終結に向けた「後半戦」を迎えていた。

この章ではベルリンの壁崩壊から、東西ドイツの再統一、そして冷戦の終結へと向かう道筋をゴルバチョフや欧米の元政府高官の証言からたどっていく。それによって、いまのウクライナをめぐる東西の対立を打開する手がかりがつかめるかもしれない。

東ヨーロッパでの民主化の波

東ヨーロッパで相次ぐ民主化の動きには、西側各国も注目していた。そのなかでも西ドイツ政府は、急激に進む東側陣営の変動をドイツの統一につなげることができるのか、強い関心を持って見守っていた。

当時、コール首相の外交顧問だったホルスト・テルチク。対ソビエト交渉でコールに付き添ったテルチクは、四半世紀前のことを聞いても、メモ一つ見ず、各交渉の日時やソビエトに申し出た借款《しゃっかん》の金額など、細かい数字を正確に答える。ドイツ統一の旗振り役がコールだったとすれば、その具体的なプロセスを作っていったのがテルチクである。コール首相が頼りにしたその抜きんでた実務能力は、今回のインタビューからも垣間見えた。

テルチクは次のように語る。

▼**テルチク**（元西ドイツ首相外交顧問）

「ハンガリーは、数段階にわたって東ドイツからの難民に国境を開放しました。一九八九年九月一〇日には、ハンガリーのすべての国境を開くと決定しました。これは、数千もの東ドイツ市民が、ハンガリーを通って西側に逃げることができたことを意味しています。一九八九年には、約二〇万人の東ドイツ市民が、プラハ、ブダペスト、ワルシャワを経由して西ドイツへと逃亡しました。

しかしゴルバチョフは、前任者のように軍事的、あるいは政治的な介入をすることはありませんでした。ハンガリーに対しても、そういったことをしませんでした」

「問題の根本は『押し付け』にあった」

東西に分裂した二つのドイツのバランスをどうとるのか。「新思考外交」を進めるゴルバチョフも、西ドイツとの関係改善を進めることには慎重な姿勢を示していた。

ゴルバチョフとコール首相の首脳会談が実現したのは、書記長就任から三年あまりたった一九八八年一〇月のことだった。ゴルバチョフは、「西ドイツとソビエトの関係は、従来の形ではどちらも満足させることができない」として、新しい関係への一歩を進めようとした。しかしその時点でも、東西に分割されたドイツは、「安全保障の見地から、ソビエトの利益になる」という従来通りの考えを引き継いでいた。第二次世界大戦の終結によって作られた国境は、戦後の現実として尊重しなければならない、そのように東西ドイツをとらえていたのである。

一方のアメリカは、東ヨーロッパの事態が、これまでとは違う大きな動きの始まりだと感じ、どう対応すべきか探り始めていた。マトロックが語る。

▼**マトロック**（元アメリカ駐ソビエト大使）

「ヨーロッパを分断していたのは『鉄のカーテン』です。もちろん、アメリカは共産主義体制はよい体制ではないと思っていましたが、問題の根本は『押し付け』にありました。

レーガンが共産主義に対してどんな態度を取っていたのかはご存知のはずです。クレイジーな抑圧システムだと言っていました。しかし、国民がそれを望むなら、私たちには関係のないことです。アメリカは、共産主義を望んでいない他国にそれを押し付けることに反対していただけです。

また、私たちのように実際に共産主義体制がどのようなものか知っていれば、民主化が進めば国民が体制を変える方法を自分で見つけるだろうと思っていました。なぜならば、共産主義体制は彼らのニーズに対して役に立たないからです。実際、『鉄のカーテン』がなくなったのは外側からの圧力がなくなったからです」

東ドイツの「抵抗」

先ほども述べたように、ハンガリー国境線の開放は、東西ドイツに大きな影響を与えるものだった。ベルリンの壁は東西冷戦の対立の象徴であった。この壁が作られてから、東ドイツ市民の西側への移動は厳しく制限されていた。冷戦の冷徹さと東側の抑圧を世界に示す場所だったと言える。

しかし、同じ東ヨーロッパのハンガリーが国境を開放したことで、その様相は変わることになる。抑圧から逃れるため、西側に亡命する方法を模索する東ドイツの人々が、比較的移動が自由だったハンガリーへと移り、そこから西側へと抜け出すことになったのである。ベルリンの壁による封鎖は、意味をなさなくなっていた。

東ヨーロッパに訪れたこうした民主化の波に対して、最後まで頑強な抵抗を示していたのが、エーリッヒ・ホーネッカーを最高指導者とする東ドイツであった。

冷戦時代を通じて、西側と向き合う最前線の国として、ソビエトともっとも密接な関係を持ち、「鉄のカーテン」という言葉に象徴される理念を共有してきたのが東ドイツである。しかし、ゴルバチョフの改革のなかで、東ドイツは国民の要望を受け止められず、改革への対応に後ろ向きとなり、新しい状況から取り残されようとしていた。ゴルバチョフが示した姿勢も、東ドイツ首脳は正確に受け止めてはいなかった。

ゴルバチョフやマトロックが当時を振り返って証言する。

▼**ゴルバチョフ**（元ソビエト大統領）

「ソビエトで民主的な変化が起き、東ヨーロッパでも革命的な変化が起きているとき、東ドイツの人々は無関係ではいられませんでした。そして私たちは、今後に関しての決定をする分岐点に来ていると認識しました」

▼マトロック

「『鉄のカーテン』がなくならなければ、冷戦が完全に終結したとは言えません。しかしイデオロギー的には、一九八八年一二月、自由を選ぶならそれを制限すべきではないとゴルバチョフが発言したときに、冷戦は終わったのだと思いました。

つまり彼の真意は、東ヨーロッパ諸国が違う体制を選挙で選ぶなら、ソビエトは共産主義体制を強制しない、だから選択の自由は東ヨーロッパ諸国自身にある、ということでした。まだそういう事態にはなっていませんでしたが、数か月以内にそうなることは目に見えていました。あのときにまずイデオロギー的に冷戦が終了し、実際にはその後一年半をかけて、東ヨーロッパ諸国が解放されていくうちに終結していったと思います」

「遅れてくるものは人生によって罰せられる」

一九八九年一〇月、ゴルバチョフは、民主化を要望する市民を押さえつける東ドイツを訪れた。東ドイツ建国四〇周年の記念式典であった。従来通りに社会主義体制を礼賛するホーネッカー国家評議会議長は、保守的で硬直した演説を行っている。「大量の失業者を見たまえ。わがドイツには失業者もホームレスもいない。これこそ理想の社会主義である」。

これに対してゴルバチョフが行った演説は、厳しいものであった。

▼ゴルバチョフ書記長（当時）

「東ドイツの皆さんが、理解すべきことがある。世界が変化していることを認識しなければなりません」

このときゴルバチョフは、東ドイツに強く改革の実行を迫ったのである。東ドイツに到着したときから、ソビエト大使館を取り巻く多くの市民が「ゴルビー！　ゴルビー！」と叫ぶ様子を見たゴルバチョフは、民衆の意思を重く受け止めていた。

事態の収拾に向かおうとしない、ホーネッカーなど東ドイツの首脳たちに対して、ゴルバチョフは「遅れてくるものは人生によって罰せられる」と警告した。

▼ゴルバチョフ

「私は自分の観察した内容を、彼に伝えただけです。ちなみに私は、東ドイツに対して何かを言ったわけではありませんでした。私は、ペレストロイカについて具体的に話していたのです。あのとき、私たちは新しい世界に向けて、状況にあった決断をしていました。

しかし、ペレストロイカには問題点や、判断ミスもありました。ある場合には早すぎましたし、別の場合には遅れた判断をしていました。
政治の世界では『遅れてきたほうが負ける』という言い方があります。ドイツの人たちは、私の言ったこの言葉を利用していました。ドイツの人たちに、遅れているかどうかについて、私の意見を押し付けたわけではありません。しかし彼らも、そのタイミングが来ていることを感じていたのです。それは大きな影響を与えました。ですから、その数か月後にドイツの統一に向かって大きな動きが起こったのです」

無血での壁崩壊

ゴルバチョフが東ドイツを訪問した翌日の一〇月七日には、ハンガリーが共産主義の放棄を宣言している。ゴルバチョフがパリのエリゼ宮でミッテランと「ヨーロッパ共通の家」構想を共有することを確認し、欧州議会とワルシャワ条約機構に対して新しい対ヨーロッパ政策を示してから、三か月後のことだった。

▼ゴルバチョフ

「このころベルリンの壁をめぐって、痛めた神経のようにとても敏感な状態が生じていました。東西に分裂したドイツは、極度の緊迫状態にあったのです。ドイツのほとんどの街にデモが発生していました。民衆は昼も夜も帰らずにデモを続けていたのです。ドイツの人たちは、もはや我慢せず、自分の欲求を主張することを決心していました。それはどんどんエスカレートしていきました」

デモの参加者だけにとどまらず、東ドイツの人々は、ゴルバチョフの訪問によって新しい改革の波を受け止めざるを得ないことを明確に理解した。国内での民主化の動きが一気に加速する。デモは激化して東ドイツの混乱は拡大し、ゴルバチョフ訪問から二週間とたたない一〇月一八日には、ホーネッカー政権が崩壊する。ベルリンの壁崩壊に向けて、まさに民主化そのものが大きなうねりとなっていった。

▼マトロック

「事態があまりにも急速に変化していたので大変でした。あのとき、次に起きることを決めていたのは政治家ではなく、東ドイツの人々だったと思います。ドレスデンやライプチヒやベルリンでデモを行っていた民衆です。これは、人々が政治家よりもはるかに大きな力を持つことを示した、リアルな事例でした」

そして一一月九日、いよいよベルリンの壁崩壊の日が訪れる。

発端は、ホーネッカー退陣後の暫定政府による前日の記者会見だった。このときスポークスマンを務めた政治局員のギュンター・シャボウスキーは「東ドイツ国民は、すべての国境通過点から出国が認められる。個人の国外への旅行は理由を問わず、申請があれば短期間で許可される」と発表したのである。会見場からの「いつからか?」との質問には、「私の認識では直ちに、遅滞なく」と答えている。十分な準備ができていないままの会見で、混乱した対応が行われたのだ。さらに「ベルリンの壁はどうなるのですか?」という質問にも、「出国は、西ドイツ、西ベルリンのどこを通っても可能である」と伝えている。

のちにこれは、暫定内閣で決定を受けておらず、直ちに壁の通過と出国が自由化されるといった発言は、シャボウスキーの勇み足であったことが明らかになっている。暫定内閣は、出国手続きの簡素化だけを決定したにすぎなかったのである。しかし、東ドイツが厳しく制限してきた出国を自由化するというニュースは、世界中に配信されることになった。「とうとうベルリンの壁がなくなった」。この会見を聞いた東ドイツの市民は、ベルリンの壁の前に押し寄せる。テルチクはこの事態を見守っていた。

▼テルチク

「記者会見では、政治局員であったシャボウスキーが、驚いたことに手続きの簡素化についてだけではなく、自由化の発表までを行いました。『東ドイツ市民は、直ちに西側に渡航できる』と。これはすぐに、市民が壁に殺到する事態を引き起こしました。

幸いなことに、指示を受けていなかった国境警察官は、東ベルリン市民を通過させました。もっとも重要なのは、発砲しなかったことです。国境警官、東ベルリンの警官、あるいはソビエトの兵士であろうとも、誰かが発砲していたら、大きな流血の事態となっていた可能性があります」

東ドイツに駐留するソビエト軍

世界の人々が歓喜に沸く一方で、関係する国々の首脳たちは、不安を払拭《ふっしょく》できずにいた。アメリカのブッシュ大統領もその一人であった。ホワイトハウス報道官を務めたフィッツウォーターが語る。

▼フィッツウォーター（元ホワイトハウス報道官）

「壁が崩壊すると、さまざまな物事が起こりつつあることが見えてきました。それらがどこまで進むのか、何が起こるのか、私たちにはわかりませんでした。しかし、最初の大きな疑問は、『ソビエトはどうするつもりだ？　ゴルバチョフは何をするつもりだ？』ということでした。彼が『自分は壁を崩壊させたりしない！　明日にでも戦車を送り込んで再建する。こんなことは許さない！』と言い出さないだろうか、ということでした。実際、彼はそれを指揮できる立場にありました」

ベルリンの壁の崩壊は、ゴルバチョフにも新たな決断を迫るものであった。手順を踏んでヨーロッパとの関係改善を進めようとするなかでの壁崩壊は、予期せぬ重大な緊張を引き起こしかねない。ブレジネフ・ドクトリンの放棄や「ヨーロッパ共通の家」構想で考えていた段階的な東西協調への道と、突然の開放が引き起こす事態とは、ゴルバチョフにとって大きな隔たりがあった。

最大の問題は、東ヨーロッパに配置されていた、五〇万人ものソビエト軍地上部隊をどうするかということだった。そのなかでも精鋭部隊は、東ドイツに配置されていた。このままベルリンの壁崩壊を放置すれば、東ドイツの行く末にまで影響が及びかねない。それを容認することは、東ヨーロッパ全体に張りめぐらされたソビエト軍の役割の解体にまで及び、ソビエトの安全保障体制に大きな変革をもたらすことにもつながる。

ゴルバチョフは、こうした影響を重くとらえていた。この状況を放置し、黙認したと見られることは、軍部の反発や国内で対立を強めていた保守派からの攻撃にもつながっていく。一方、混乱収拾のために軍が動くことになれば、これまで進めてきた西側との関係改善に決定的な影響を与えることになるからである。

ゴルバチョフの決断

ベルリンの壁が崩壊した直後の米ソの戸惑いについては、フィッツウォーターが次のように語っている。

▼フィッツウォーター

「ブッシュ大統領は、私たちは喜んで見ているわけにはいかない、と考えていました。ゴルバチョフと一緒に取り組まなければならない重要な問題が、まだ山のようにありましたから。東西ドイツの再統一だけではありません。ブッシュ大統領は『ベルリンの壁崩壊は嬉しい。問題は山積みだけれど、ドイツ再統一にも期待している。ただ、私たちにはやるべきことがたくさんある。だから、壁の上で踊りに行くわけにはいかないんだ』と言いました。手放しで喜べる事態ではなかったのです。このときわれわれとソビエトは、とりわけ困難な局面に向き合いました。これまでとは違う東ヨーロッパを作るという責務が課せられたのです」

もちろん西ドイツでも、ベルリンの壁が崩壊したあとに、どのような事態が起こるのかを懸念する声は少なくなかった。テルチクは、ソビエトの軍事介入という事態も現実に想定される恐怖だったと証言する。

▼テルチク

「ミッテラン、サッチャー、ブッシュといった西側首脳、それにもちろんゴルバチョフ書記長もですが、大きな危惧を抱いていました。それは、コントロールのきかない混乱が発生してしまうことでした。

コールは、壁崩壊のあとにゴルバチョフに電話しました。ゴルバチョフの最大の懸案は、混沌や暴動が起こらずに、これから起こる事態が制御できるかということでした。『関係国が適切に協議することで、すべてを秩序ある軌道から外さないことが本当にできるのか』ということです。

このときソビエトの指導部のなかでは、東ドイツに軍事介入をするべきか、ふたたび国境を閉鎖するべきかという議論まであったと、ソビエト外相だったシェワルナゼが私に語っています。東ドイツには三七万人ものソビエト軍がいましたから」

しかし、西ドイツなど西側各国の懸念に対してゴルバチョフは、ソビエト軍を動かすことはなかった。また、いち早く国内への対応を図り、反対勢力からの不満を抑え込んだ。ブレジネフ・ドクトリンの放棄によって示していた、東ヨーロッパへの不干渉の姿勢を貫いたのである。

二八年の間、東西を隔てたベルリンの壁の崩壊。それに対し軍事行動を起こさないとの方針を貫いたゴルバチョフ。ヨーロッパの変動は、いよいよ加速していくことになる。

統一ドイツの「脅威」

ベルリンの壁の開放が進むことによって、世界はまだ準備をしていない課題に、突然直面することになる。ドイツの再統一である。ソビエトだけでなく、西側の各国にとっても、戦後分断されていたドイツの再統一は、簡単に受け入れられるものではなかった。しかし、その可能性が突如として浮かび上がってきたのである。テルチクが語る。

▼テルチク

「統一という考えは、一九八九年に壁が崩壊したあとになって初めて出てきました。壁崩壊によって、ドイツ再統一のチャンスが見えてきたのです。

コール首相は一九八九年一一月、連邦議会で重要な演説を行います。いわゆる『一〇項目演説』で、これはドイツ統一をどのようにして、ヨーロッパ全体の発展に埋め込みながら達成できるかについての戦略を策定しようとするものでした。政府内では『ドイツを統一するには一〇～一五年かかるだろう』と想像していました。結果的には一年もかかりませんでしたが、これは予測していませんでした」

東ドイツの併合を前提とする西ドイツの動きに、ソビエトは警戒する。

東西ドイツの分断は、第二次世界大戦の結果であった。ナチスドイツはフランスに侵攻し、イギリスとも戦火を交え、さらにはソビエトにも侵略していくなど、ヨーロッパ全土を戦場とする戦いを繰り広げた。そのドイツを、戦争に勝利した西側諸国とソビエトが東西に分断したのである。東ドイツにあったベルリンも東西に分断され、西ベルリンは西ドイツの一部とされた。占領国が戦争の結果として決めた、新しい国境線であった。ふたたびドイツによって戦端が開かれないことを各国が望んでいた。

したがって、ドイツ国民の再統一への願いとは別に、東西ドイツが統合してふたたび強大なドイツが出現することは、ソビエトにとってだけでなく、西側ヨーロッパ各国にとっても脅威であった。アタリやゴルバチョフが証言する。

▼アタリ（元フランス大統領補佐官）

「ドイツは統一に必死でしたが、イギリスは何としてでも反対でした。そしてわれわれフランスは、微妙な態度をとっていました。

ミッテランは、ドイツの再統一が避けられないとしても、三つの条件を伝えようと考えていました。統一する前に、ポーランドとの国境を受け入れ、戦後決められた国境を動かさないこと。それからドイツが核を持たないこと。そして、将来の統一通貨ユーロを受け入れることです。

ミッテランは『これらの事項を再統一前に了解させたい。もしこの三つが獲得できなくても、ドイツ再統一を防ぐことはできないが、それならば私は賛成しないしサポートすることもないだろう』と言いました。そして、壁崩壊直後のコール首相との晩餐会で、このことを伝えました」

▼ゴルバチョフ

「ミッテランは迷っていました。そしてこう言ったのです。『われわれは、ドイツの人を敬愛してやまない。だからドイツが二つの国に分かれたままでも、受け入れられる』と。統一をめぐる交渉の過程はぎくしゃくしていて、各国が歩み寄っては、また、お互いが火花を散らして批判する。そんな状態でした」

そのゴルバチョフも、ドイツ統一には強く反対していた。ベルリンの壁崩壊に続くドイツ統一は、ソビエトにとっては安全保障上承服しがたい事態となっていたのである。ソビエトの、ドイツ統一に対する不信と、西ドイツに対する微妙なスタンスを見極めていくことが、交渉を進める上で必要だったと西ドイツのテルチクは言う。

▼テルチク

「ゴルバチョフはドイツ統一に賛成ではなかったので、すぐに認めさせる望みはありませんでした。彼は基本的に、ソビエトの前任者と同じような答えをしました。『これは今日のテーマではないが、一〇〇年後に何が起こっているかはわからない』と。しかし、ソビエト側は『コール首相、このテーマは忘れてください。これは歴史によって片付けられました』とは一度も言いませんでした。彼らは『これはいま話し合うテーマではない』と言っていました。いつの日か歴史が決定する事柄をこうして留保しておいたのです。そういう意味でコール首相は、ドイツ統一という目標を決して諦めませんでした。彼は実際にそれを自分自身で体験できるとは思っていなかっただけです」

NATO加盟が統一の条件

東西両側から強い反発にあった西ドイツのコールは、西側の思惑と、ソビエト側の思惑の違いを識別しながら、統一実現に向けての周到な交渉を練り上げていく。

西側から譲ることのできない条件として示されたのは、それまで西ドイツが加わっていた西側の軍事同盟であるNATOに、統一ドイツが引き続き加わるということだった。これは、東側陣営としてNATOに対立していた東ドイツまでが、西側の軍事同盟に組み込まれることを意味していた。すなわち、ソビエトに向き合う西側の軍事ラインが、東に拡大することになる。

▼テルチク

「ドイツが再統一する条件として、NATOの加盟国であり続けるということが、アメリカ、フランス、サッチャーのイギリスなど西側同盟国が承認するための必要な要素でした。実際にこれは、コール首相のスタンスでもありました。首相は、中立という条件のもとでは統一に同意しなかったでしょう。私たちができる唯一の譲歩は、東ドイツの領土にNATOの施設や兵隊を配備しないということぐらいでした」

西側諸国は、NATOへの加盟を条件に、ドイツの再統一を認めようとする。とくにこの条件を強硬に主張したのはアメリカであった。新しいドイツをNATOの枠内に入れることで、独自の軍事行動を抑えることが必要だと考えたのである。NATOを強化することによって、ソビエトを軍事的に牽制《けんせい》することができるという狙いもあった。

一九九〇年二月には、アメリカのベーカー国務長官がモスクワを訪問。NATOの拡大は起こらないとして、統一ドイツがNATOに留まることについて、安全保障を含めたメリットをゴルバチョフに伝えている。会談の議事録によると、ベーカーはNATOを東に拡大させないことを条件に、統一ドイツをNATOに加盟させてよいか、ゴルバチョフの意向をただしたという。

そこには、アメリカのさまざまな思惑が込められていたとマトロックが証言する。

▼マトロック

「アメリカは、ドイツが再統一したあとも、NATO加盟を継続することが非常に重要だ、と考えていました。理由はたくさんあります。NATOが結成されたとき、アメリカ国務長官が述べたように、そこには三つの目的がありました。ロシアの勢力を排除すること、ドイツの勢力を削ぐこと、アメリカの影響力をヨーロッパに広げることです。

過去の歴史もありますし、ドイツが絶対にふたたびヨーロッパを支配しようとしないようにしたい、と考えていました。だからこそNATOが必要であり、アメリカの存在が必要である、そう考えていました。ですから、統一ドイツがNATO加盟を維持することは重要でした」

コールの説得工作

西ドイツのコールは、NATO加盟維持という西側陣営の強い意向を前提に、ゴルバチョフとの交渉を行った。ゴルバチョフは、NATO加盟という問題以前に、再統一に反対の姿勢を示していた。コールによる説得工作が始まる。

▼テルチク

「たった一つの提案ではなく、一連の提案を発展させなくてはいけないことが、最初から明らかでした。それも一度きりではなく、持続的にしなければ。常に前進しながら考えていかなくてはいけませんでした。どうやったら改革がうまく進むようにゴルバチョフをサポートできるか。そして、ドイツでの新たな展開を彼に許容するよう促すことができるか。ドイツ統一だけではなく、ドイツに駐留するソビエト軍の撤退もテーマでした。これは、統一ドイツのNATO加盟問題にも直接かかわってきます。

ソビエトでは、一九八九〜九〇年の冬に、食糧供給の危機が起こりました。私たちはソビエトの要望に応じて、一五億マルク規模の食料品を集めました。また、ソビエト軍の撤退のために三〇億マルク（およそ二四〇〇億円）を用意しました。ソビエトでの宿泊所の建築のためです。ソビエトには、ドイツから帰還する士官や兵士のための宿舎がありませんでしたから」

このあたりから、東側の軍事同盟として機能してきたワルシャワ条約機構は、急速にその立場を変えていくことになる。一一月九日のベルリンの壁崩壊をへて、冷戦終結を宣言した一二月二、三日のマルタ米ソ首脳会談。その翌日、一二月四日にモスクワで開かれたワルシャワ条約機構首脳会議では、一九六八年の「プラハの春」を軍事介入でつぶしたチェコ事件を「誤りであった」と正式に認めている。さらにその二か月後の一九九〇年二月には、カナダのオタワで、NATOとワルシャワ条約機構の外相会議が初めて開かれた。この席で、ドイツ統一に向けての議論を、2＋4（東西両ドイツとソビエト、アメリカ、イギリス、フランスの戦勝四か国）という六か国の枠組みで進めることが決まった。

そして一九九〇年七月、ロンドンで開かれたNATO首脳会議の場で、「NATO変容に関するロンドン宣言」が出された。それは、ワルシャワ条約機構を敵視した従来の軍事同盟から、互いをパートナーとする政治・防衛同盟に脱皮すると宣言するものだった。ソビエトに対するNATOの姿勢が変わったことを示している。このロンドン宣言が採択され、ワルシャワ条約機構は解体へと向かう。東ヨーロッパは大変動に直面していた。

こうした動きを受けて、七月一五日、コール首相がモスクワを訪問してゴルバチョフと会談する。ゴルバチョフは「ドイツの統一は、ドイツ国民が決めることだ」として、基本的に統一を認める姿勢を示した。しかし、統一後のドイツは中立であるべきだとして、NATOへの加盟は受け入れられないという立場を強調した。このころさらに混乱を深めていた東ヨーロッパの情勢も、ゴルバチョフが統一ドイツのNATO加盟に強く反対する理由となっていた。実際、民主化の波はさらに大きく広がっていた。前年一二月にはルーマニアで、長い間独裁体制を維持してきたチャウシェスク大統領の政権が崩壊している。

東ヨーロッパで始まった民主化の波は、ソビエト国内にも波及していた。バルト三国のリトアニアでは分離独立への動きが加速、アゼルバイジャンでは民族暴動が起こり、非常事態宣言が出されていた。こうした事態に対して、ソビエトは正規軍を投入して武力鎮圧を行っている。NATOに対抗していたワルシャワ条約機構に加盟する東側陣営が、次々と内部から崩壊し始めていた。

テルチクが振り返る。

▼テルチク

「問題となったのは、民主化の発展がさらに進んだことです。チェコスロバキアで変化があり、チャウシェスクの失脚がありました。ワルシャワ条約機構全体が変化していたのです。東側全体の緊張緩和を、切実な問題として取り扱う必要がありました。ソビエトだけでなく、その他のワルシャワ条約機構諸国ともです」

東西冷戦の対立軸となるNATOとワルシャワ条約機構。東ヨーロッパの変動でワルシャワ条約機構が弱体化していったことで、NATOとのパワーバランスは崩れ始めていさらに、統一ドイツがNATOに加わり、西側が一方的に勢力を拡大していくことを、ソビエトとしては簡単に認めるわけにいかなかった。

統一問題の山場

こうした西ドイツとの交渉のさなかでも、ゴルバチョフは国内事情の悪化に直面していた。五〇〇日で一気に市場経済化を実現しようとする急進的な市場経済移行策は、保守派の抵抗で挫折する。経済混乱は一段と深刻さを増していった。物不足が進み、市中では、物々交換による取引が横行していた。外貨との交換ができなくなったソビエトの通貨ルーブルは、ほとんど市場での価値を失っていた。ソビエト型社会主義経済の行き詰まりがあらわになり、経済は破綻寸前に追い込まれていたのである。

こうした事態に、ゴルバチョフに期待を寄せていた国民は不満を募らせ、ペレストロイカに危機が訪れていた。保守派や軍部が急速に発言力を拡大し、ゴルバチョフにも保守的な姿勢が目立つようになる。ソビエトの国内情勢は混乱の一途をたどっていく。

▼テルチク

「一九九〇年には、私が直接交渉したのですが、五〇億マルクの借款をソビエトに提供しました。これは、一連の提案の一つの例に過ぎません。一九九〇年には、合計で二二の契約と協定がソビエトとのあいだで結ばれました」

統一ドイツのNATO加盟をゴルバチョフに認めさせたいコールは、こうした経済支援を軸に、ソビエトへの戦略を練り上げていった。大規模な経済援助を行うことで、ゴルバチョフ側の譲歩を得ようとしていたのである。さらに、NATO首脳会議でソビエト敵視の政策が変更されたことで、コールのソビエト訪問は、統一問題に最終的な合意を得るための大きな山場となっていた。一九九〇年七月のことである。

▼テルチク

「私自身が、その直前の五月にゴルバチョフ大統領と秘密会談を行いました。私たちは、統一ドイツのNATO加盟というテーマについて話しました。ゴルバチョフは『私たちはいまから友人、パートナーとなるのに、なぜNATOがいまだに必要なのか』と私に尋ねてきました。

私はこう言いました。私たちは友人、パートナーとなるのですから、NATOは必要なくなるかもしれません。しかし私たちドイツには、どういった隣国があるのかを考慮してもらわなくてはなりません。私たちの隣国は、ルクセンブルク、オランダ、デンマーク、ポーランドです。つまり、過去の歴史において、ドイツに対して非常に悪い経験を持っている国です。

同じ同盟にいれば、こうした国々にとっても、ふたたび大きく強くなったドイツとの共存がもっと簡単になります。しかし、統一されて大きくなったドイツが同盟から離れて中立となれば、それは私たちの隣国にとって悪夢となるでしょう」

ゴルバチョフの故郷へ

ドイツ統一そのものは基本的に容認していたゴルバチョフだが、NATO加盟については反対の態度を変えなかった。コール首相の訪問のなかで最終的な交渉の場は、モスクワでの会談後、首都を離れた場所で行われることになった。両首脳が向かったのは、ゴルバチョフの生まれ故郷であるソビエト南西部のスタブロポリ地方だった。

テルチクも、この会談には終始同行していた。私たちの質問に対し、冷静に論理的に一つずつ返答していたテルチクが、誇らしげな表情を見せた瞬間があった。それは、一九九〇年五月に彼がコール首相の名代としてゴルバチョフと極秘の会談をした場でのエピソードである。

統一ドイツのNATO加盟がなぜ必要なのか？　執拗に聞いてくるゴルバチョフに対して、前述したようにテルチクは懇切丁寧に西ドイツの立場を説明した。このときテルチクは、ゴルバチョフに「以前にあなたの故郷のコーカサスに、一度われわれを招待したいと言ってくれましたよね。あの約束はどうなりましたか？」と話しかけたことが、二か月後のスタブロポリとアルヒーズでの歴史的な首脳会談実現につながったという。その言葉と表情からは、自分こそが、困難な統一に向けて歴史を動かした当事者だという矜持《きょうじ》が強く感じられた。

▼ゴルバチョフ

「なぜあの場所だったかというと、目まぐるしく状況が変わるなかで、モスクワから多少距離を置いたところで話をしたいと思ったからです。環境は大切です。われわれは、けんかをするのではなく、話し合いをするために集まるのですから。

私はコール首相を自分の故郷に連れて行きました。そこで、まずドイツとの戦争の犠牲者が眠る墓地の慰霊碑を訪れました。コール首相をこうした場所に連れてくることは、不可欠なことでした。彼に過去の戦争への理解を深めてもらうことは、意義深いことだと考えたのです」

スタブロポリ地方は、かつての戦争でドイツ軍の侵略にあっている。ゴルバチョフは、ドイツ統一の課題に答えを出す前に、ドイツの戦争責任をもう一度思い起こさせ、コール首相に直接感じ取ってもらうことが必要だと考えていたのである。

戦没者墓地を訪問したあと、一行はコーカサス山地の麓《ふもと》にあるアルヒーズ村へと向かった。ゴルバチョフが最後の交渉の場として選んだのは、ちょうど収穫が終わったばかりの穀物畑が広がる農村だった。落ち着いて話し合うことができる、山間《やまあい》の静かな場所である。

到着したコールは、ひどく緊張していた。この段階でも、ドイツ統一問題に対するゴルバチョフの答えを測りかねていたためである。

▼テルチク

「一連の要望に対して、どのような回答を得ることになるのか、もちろんわかりませんでした。統一の問題だけが、唯一の課題でもありませんでしたから。しかし、コーカサスで会談が行われるという知らせを聞いたとき、すこし楽観的になってもいいだろうと感じました。そうでなければ、ゴルバチョフの故郷では行われなかったでしょうから」

なぜゴルバチョフはこの場所を選んだのだろうか？　ソビエトの外交儀礼を仕切る儀典局長だったシェフチェンコが語る。

「車で行けるところではありません。移動は全部ヘリコプターでした。なぜゴルバチョフがこの会談を自分の生まれ故郷で行ったのか。それは、彼が心を込めて話し合いを行おうとしたからです。『私はこのような環境に住み、こんな綺麗な場所で育ったのだ』と言いたかったからです。あの場所は本当に美しく、静かで景色のいい、他にはないところです。

コールもこの招待を快く受け入れました。クレムリン内での面談と、クレムリン外でのより家庭的な環境での面会とでは、まったく雰囲気が違ってきます。服装も違うし、心構えも違うものになります。クレムリンのきらびやかな装飾に圧倒されることなく、自然にジーンズとジャージ姿で、より人間的に会うことが必要だったのでしょう」

家庭料理でのもてなし

コールの不安に対して、ゴルバチョフはどのような答えを用意したのだろうか？　シェフチェンコの言う「人間的に会うこと」には、まず、ゴルバチョフの故郷を訪れることが欠かせなかった。それは、ドイツとの戦争における戦没者を慰霊する場にコールを案内して二人で立つこと、そしてお互いがふたたびこうした関係に陥らないことを国内全体に示すことを意味していた。

お互いが歩み寄るために必要なこうした訪問を経て、ゴルバチョフが「私たちはぎりぎりまで腹蔵なく話し合った」という、統一実現への最後の話し合いは、やはり晩餐会の場で実現することになる。

アルヒーズ村に到着したその日の夜、政府高官の保養地として使われる山荘で晩餐会が開かれた。ゴルバチョフは、ここでの夕食をいつものクレムリンのスタイルとは違ったものにしようと考えていた。山荘には、クレムリンの料理人だけでなく、地元の料理人も呼ばれていた。ここでゴルバチョフとコールは向き合った。

▼テルチク

「首脳同士の晩餐会は有意義なものです。もちろん、食事と飲み物は雰囲気をくつろいだものにします。すると、公式の場とは違う個人的なことや、お互いが体験したことについての話もするようになります」

ゴルバチョフは、どのようにコールをもてなしたのだろうか？　シェフチェンコは次のように振り返る。

「この会談での料理のリクエストは、コーカサス料理でした。地元のスタブロポリ地方の料理です。ここにしか売られていない『ストレジメント』という薬草の入った現地のウォッカも出されました。生産量が少なく入手が困難なものです。また、バーベキュー用に草原で育てられた子羊も必要でした。この料理のために、クレムリンとスタブロポリから二つの料理人チームが参加し、すべて要望通りに準備したのです。

われわれロシア人には、非常に感情を大事にする面があります。こういう晩餐会の場で何かを頼まれれば必ず約束を守ります。とくにこの訪問では、ゴルバチョフがドイツ統一に関して決断しなければならないとわかっていましたから」

このとき、シャシリクと呼ばれる串焼きの材料として、丸々一頭の仔羊が用意された。シャシリクは、ゴルバチョフが幼いころから親しんできた地元の料理である。クレムリンでの晩餐会のような豪華なメニューとは違い、地元の食材を楽しむ素朴な家庭料理が並んだのだった。

ゴルバチョフが出した答え

ここで二人の首脳はそれまでの緊張感を捨て、ようやく腹を割って話し始めた。お互いが口にしたのは、同年代の二人が少年のころにあった戦争体験であった。

▼テルチク

「コールとゴルバチョフはほぼ同世代です。二人とも第二次大戦と戦後を体験していました。彼らは、若いころの個人的な経験について話をしました。

彼らは、ドイツとソビエトという敵同士でした。ドイツ兵はゴルバチョフの故郷にまで侵攻しました。彼の両親と彼自身が、非常につらい経験をしました。一方、コールも故郷のルートウィヒスハーフェンで爆撃を経験しました。

二人とも、戦争のときはまだ兵士ではなく少年でしたが、そうした出来事を非常に強く記憶する年ごろでした。若いころにこうした経験をすると『二度と戦争はしない！』と強く考えるようになります。私たちが戦争体験から得た教訓は『将来にわたって平和を守らなくてはいけない。パートナーであり友人でなくてはいけない』というものでした。個人的な関係を構築するときに、これは極めて重要なことです。とくに、こうした歴史的な背景があるときには」

晩餐会の場でこうした会話を交わし、アルヒーズでの夜を過ごした翌朝、山荘でゴルバチョフとコールの首脳会談が始まった。それは、ドイツ統一をソビエトが認めるのかどうか、最終的な答えが出される場所であった。

▼テルチク

「コーカサスでの会談で、ゴルバチョフはいまでも忘れないような発言をしました。彼は『ドイツは、統一とともに自らの主権を完全に取り戻す』と言ったのです。

統一するまで、私たちには完全な主権がありませんでした。ドイツの主権は、戦勝した四か国にありました。それがドイツに返還されるというのです。そしてゴルバチョフは、もし私たちドイツが完全な主権を得たなら、主権を持った国は同盟に参加するか否か、そしてどの同盟に参加するかを自身で決めるものだ、とも言いました。こうして、会談は非常にポジティブに進みました」

統一ドイツがNATOに加盟しても、ソビエトは反対しない。それがゴルバチョフの出した答えだった。「新思考外交」で進めてきた「主権の尊重」の考えを、ここでも貫いたのだ。これによって、戦勝国としてドイツ統一問題のカギを握っていた、アメリカ、イギリス、フランス、ソビエトの四か国すべてが、ドイツ統一とそのNATO加盟を承認したことになったのである。

そして、一九九〇年一〇月三日。ドイツは東西分断の歴史を終え、ふたたび一つの国となった。ドイツの再統一は、ベルリンの壁崩壊からわずか一年足らずの間に実現したのだった。

▼ゴルバチョフ
「ソビエトと東ヨーロッパで起こっていた民主化に向けた変化は、もっとも重要な要素でした。それがなければ、統一の実現はできなかったでしょう。東は西に向かい合っていき、世界はより広くなりました。ドイツは西にあっても東に近いのです。そしてもはや『西側』とは認識されなくなりました。

大切なのは、人々が『統一したい』という希望を持っていたことです。ロシア人もドイツ人も一緒にそう思えることでした。統一に向けて、希望や期待がなければ、ゴルバチョフにもブッシュにも、何もできませんでした」

ヨーロッパの分断と対立の終わりを宣言

その一か月後の一九九〇年一一月、NATOとワルシャワ条約機構の加盟国が顔を揃える全欧安保協力会議の首脳会議がパリで開かれた。ドイツ統一や東ヨーロッパの激変を受けて、東西ヨーロッパなど三四か国の首脳が参加した。今後のヨーロッパのあり方を話し合い、東西ヨーロッパ全体の統合に向けた第一歩が踏み出されるための場だった。

この会合で、NATOとワルシャワ条約機構が互いに敵ではなく、パートナーであるとして、ヨーロッパの分断と対立に終わりを宣言したパリ憲章が採択された。

さらに、ゴルバチョフが提案していたヨーロッパ通常戦力削減(CFE)条約が調印されたのである。この条約は、戦車や装甲戦闘車両、火砲、戦闘機、攻撃ヘリの五つのカテゴリーの兵器について、東西両陣営で保有数の上限を定め、上限を超える兵器の速やかな廃棄や、条約を順守するための査察について取り決めている。ワルシャワ条約機構は、その翌年の一九九一年に解体した。

こうしてヨーロッパの分断は、第二次大戦終結から半世紀近くを経て終焉を迎えたのである。このとき、ゴルバチョフの提唱した「ヨーロッパ共通の家」構想は実現に近づいたかに見えた。

ソビエトの崩壊

しかしそのころ、ソビエトの国内情勢は悪化の一途をたどり、ペレストロイカを進めてきたゴルバチョフに対する信頼はすでに失われていた。一九九〇年一二月には、ともに「新思考外交」を進める盟友だったシェワルナゼ外相が「独裁が近づいている」と危機を訴えて辞任している。赤の広場では、民衆が集まる大集会が開かれ「ゴルバチョフやめろ！」の声が飛び交うなど、もはや国内をコントロールできる状況にはなかった。鮮やかな外交での成果と異なるもう一つの状況だった。

▼アタリ

「モスクワでは、保守派の幹部たちが、クーデターの準備をしていたところでした。そして、ゴルバチョフはこのクーデターをとても恐れていたのです。彼は『私たちに何か手段をください』と言い、私たちは時間をかけてその話をしました。ゴルバチョフには何が起こっているのかわかっていない、ということが、私たちには見て取れました。ゴルバチョフは、新しいソビエトがあると確信していました。ソビエトを一つの国として見ていて、ウクライナのように、独立を考えている国のリスクについてはまったく話していませんでした。彼のなかでは思ってもいなかったことだったのです。ゴルバチョフは、ソビエトの終焉だというリスクをまったく考えていませんでした。彼が考えていたリスクというのは、ソビエトの独裁が戻ってくることでした」

一九九一年八月には、ソビエト政権内の保守派によってクーデターが発生する。ゴルバチョフは、休暇で滞在していたクリミアの別荘で軟禁された。このクーデターは三日で失敗に終わり、ゴルバチョフはモスクワに戻ったものの、その権威はすでに完全に失墜していた。事件から四か月後の一二月二五日、ゴルバチョフはソビエトの大統領を辞任し、ソビエト連邦が崩壊した。

このクーデターのさなか、ずっとモスクワの現場にいた筆者（三雲）は「ソ連を変えた7日間」という番組を制作しながら、ソビエトの人たちの気持ちを生々しく感じていた。ゴルバチョフの改革に反対する保守派が軍を動かし、戦車部隊がモスクワ市内に突入するという、本来なら緊迫した事態にもかかわらず、不思議に緊張感は強まらなかった。封鎖は行われず、ソビエト製の普通自動車と戦車とが、同じ道路を走っていた。なかには動揺する人もいたが、多くの市民は比較的平然と受け止めていたのである。兵士の側も市民の側も、もはや力の論理によって事態を変えようとする旧来のソビエトの手法が通用しないことを、皮膚感覚として受け止めていたのだろう。

そして事態は、保守派のもくろんだ方向ではなく、一党独裁の体制を崩壊する方向へと進んでいく。東ドイツでもそうであったように、ゴルバチョフの「改革」には、そうした人々の心の向きまでも変える力があった。そしてゴルバチョフの登場以来、そうした意識の変化を作り出すのに必要な時間も経っていた。

この突発的なクーデターが、ゴルバチョフのペレストロイカに終止符を打つものとなった。ゴルバチョフによって、東西ヨーロッパの分断は解消へと向かった。しかし、皮肉にも彼がもっとも守りたかったソビエト自体が消滅してしまったのである。

ゴルバチョフの功績と誤算

第二章から第四章まではソビエトとアメリカの交渉、第五章と第六章ではソビエトとヨーロッパの交渉をたどり、冷戦終結のプロセスを見てきた。

この二つのプロセスを振り返ると、もっとも重要だったのは、やはり冷戦終結に向けたゴルバチョフのイニシアチブと各国首脳の協力だったと思われる。書記長就任当時のゴルバチョフが、どれだけ長期的で全体的な計画をもって、ペレストロイカと「新思考外交」を始めたのかはわからない。しかし、四〇年以上にわたった冷戦を終わらせたことは称賛に値する。

その一方で、ゴルバチョフにとって、ソビエト連邦の崩壊や東ヨーロッパの社会主義政権の相次ぐ崩壊は、明らかに予想をはるかに超える出来事だったであろう。ゴルバチョフは、社会主義の枠組みを守りながら緩やかな連邦制を維持することを最後まで目指していたが、結局うまくいかなかった。

ゴルバチョフは、言論の自由や民主化という「パンドラの箱」を開けてしまったが、上からの革命に肝心の国民がついていけなかった。七〇年間の共産党支配に対する国民の不信感は、それほど大きく、根深かったと言えるだろう。

かつての冷戦は、数々の対話の積み重ねによって終結を迎えることができた。その歴史は、二一世紀のさまざまな危機への教訓となるに違いない。

続く第七章では、ふたたび話を現代に戻すこととしたい。冷戦終結後、世界の秩序はどう変わっていったのか? 冷戦終結から二五年がたって、なぜウクライナをめぐってロシアと欧米の激しい対立が起きるようになったのか? そして、今後どうなるのか? ゴルバチョフなどの証言をもとに、考えてみることとしたい。

第七章　新たな冷戦は避けられるか？

ヤヌコービッチ体制の崩壊から1年、ウクライナ東部では依然として戦闘が続き、新たな停戦合意がなされた（2015年2月、写真提供：ロイター/アフロ）

冷戦終結とウクライナ危機

冷戦の終結からおよそ四半世紀――。二〇一四年にウクライナ危機が発生し、ロシアと欧米諸国が激しく対立している。イデオロギーや世界的な規模で対立した、かつての冷戦とは性格や規模が異なっている。しかし、冷戦後の国際情勢を大きく変える可能性があるとして、これを「新しい冷戦」とする見方もある。

ウクライナ国内の危機が、なぜ世界を巻き込む深刻な対立に発展したのだろうか？　その背景には、ロシアとヨーロッパの間にはさまれたウクライナの地政学的な状況や、冷戦終結後も協調と対立を繰り返してきた米ロ関係が深くかかわっている。

とりわけ重要なのは、米ロ対立の原因はウクライナ危機だけではないということだ。その遠因は、冷戦終結後の世界秩序にある。冷戦後、アメリカは一極支配を強めた一方、ロシアは連邦崩壊後に弱体化した。また、アメリカはＮＡＴＯを拡大し、一方的にイラク戦争に突き進んだ。ロシアは、二〇〇一年の同時多発テロでアメリカに協力したが見返りはなく、イラク戦争に反対したが無視された。今回の米ロ対立の背景には、こうした冷戦後の積もり積もったロシアの不満が爆発したことがある。それだけに解決は容易ではない。

こうしたウクライナ危機をめぐる対立には、かつての冷戦の対立構造と重なり合うものがある。私たちは、かつての冷戦終結プロセスに学ぶべきだろう。

混乱のエリツィン時代

では、冷戦終結後の世界はどう変わったのだろうか？

一九九一年一二月にソビエトが崩壊し、ゴルバチョフが辞任に追い込まれたあとロシアを率いたのは、クーデターを阻止し、国民の圧倒的な支持を集めた急進改革派のボリス・エリツィンだった。

エリツィンは、カリスマ的な権威を背景に、ソビエトという国家や共産党、共産主義のイデオロギーを叩き壊した。アメリカ一辺倒の政策をとったエリツィンは、アメリカの指導のもと、社会主義の計画経済に代えて市場経済を一気に導入した。しかし、ソビエト時代の計画経済のネットワークは破壊され、市場経済の受け皿はまだ何もできていなかった。そのためロシア経済は大混乱に陥り、連邦崩壊翌年の一九九二年には、年率二六〇〇％というすさまじいインフレが起きた。企業は相次いで操業停止に追い込まれ、人々の暮らしは困窮化。貧富の格差が急速に広がった。

さらに一九九八年には、アジアの金融危機をきっかけに、ロシアでも深刻な金融危機が発生した。銀行には払い戻しを求める大勢の人々が長い行列を作り、政府は債務不履行状態に陥った。

連邦崩壊後のこの一九九〇年代について、ロシアでは、一九一七年のロシア革命、第二次世界大戦に匹敵する未曽有の困難の時代と受け取られている。かつて超大国だったロシアは見る影もなく、国際的な地位や影響力も大きく低下した。エリツィンは一九九九年の一二月三一日、突然辞任を表明するとともに、市場経済改革が挫折したことを涙ながらに謝罪した。

▼**エリツィン大統領**（当時）

「私は、皆さんの多くの夢がかなえられなかったことについて、皆さんに許しを請いたい。簡単そうに見えたことが、極めて難しかったのです。私は、灰色の停滞した全体主義的な過去から、明るい豊かな文明社会に一気に移れると信じた人の希望を実現できなかったことをお詫びします」

こうした連邦崩壊後のロシアの混乱について、ゴルバチョフは、アメリカの指導で一気に市場経済化を進めたことが、ロシアの弱体化につながり、ロシア人の間にアメリカに対する不信感が芽生えたと、冷戦後のアメリカの対応を強く批判する。

▼ゴルバチョフ（元ソビエト大統領）

「ロシアの人々は、アメリカに強いあこがれを抱いていました。しかしアメリカ人は、それを台無しにしたのです。冷戦後、何百人というアメリカ人がロシアにやってきました。その人たちが指導にあたり、アドバイスをしたのですが、その目的は、ロシアを弱体化させ、アメリカの属国にするためのものでした。そして、いまやロシアの人々はアメリカを信じていないのです」

プーチン時代の米ロ関係

辞任したエリツィンのあと、後継者でKGB出身のプーチンが新たな大統領に就任。連邦崩壊後の混乱したロシアを立て直すという、極めて困難な課題を背負った。

しかし、プーチンは「強いロシアの復活」をスローガンに、出身母体の治安機関を利用し、中央集権体制を強化するという強権政治によって国を安定させることに成功した。また幸運なことに、国際的な原油価格の高騰によって、資源大国ロシアに膨大なオイルマネーが流れ込み、どん底状態だった経済が急速に回復した。

二〇〇一年九月、アメリカで発生した同時多発テロ事件をきっかけに、ロシアは対米協調路線へと大きく舵を切った。この事件でプーチンは、ただちにブッシュ（ジュニア）大統領に連絡を取り、テロとの戦いへの協力を申し出た。また、アメリカがアフガニスタンに報復攻撃をするため、ロシアの裏庭にあたる中央アジアにアメリカ軍が駐留することも認めた。プーチンには、アメリカに協力することで、G8の正式メンバーになるなど西側の仲間入りを果たし、世界におけるロシアの地位や発言力を高める狙いがあった。

しかし、アメリカからは期待した見返りがほとんど得られなかった。それどころか、アメリカは二〇〇三年にはイラクが大量破壊兵器を保有しているとして、ロシアなどの反対を無視して一方的な軍事攻撃に踏み切った。

さらに、二〇〇四年のウクライナのオレンジ革命で、ロシアが肩入れした与党候補のヤヌコービッチ首相が大統領選挙で敗れたことは、プーチンに大きな衝撃を与えた。プーチンは、アメリカが「民主化支援」を名目に、旧ソビエト諸国に介入しようとしているとして警戒感を強めた。こうしたことから、米ロ関係はふたたび悪化していった。

「新たな戦争の条件」

こうした一連の動きに対して、ゴルバチョフは、冷戦終結後に一極支配を強めようとするアメリカを厳しく批判する。

▼ゴルバチョフ

「何百年も自国の独立と自由のために戦ってきたロシアが属国になることなど、考えられるでしょうか？　当然、ありえません。ロシアの政治エリートにしても、アメリカと正常で対等な関係を望んでいます。対等な関係です。そして、何よりも世界の国々と距離を縮め、安全で平和な未来を実現するために関係を築きたいと考えているのです。誰しも一人きりでは生きていけませんから」

また、アメリカの駐ソビエト大使を務めたマトロックも、かつて米ソが対等な関係で交渉したからこそ、冷戦が終結したという事実を忘れてはならないと語る。

▼**マトロック**（元アメリカ駐ソビエト大使）

「冷戦の終結や東ヨーロッパの解放は瞬く間に進んだわけですが、一九九〇年代になると、人々はこれが交渉の結果ではなく、勝利として手に入れられたものであるととらえるようになりました。アメリカがソビエトを倒したとか、軍事的・経済的圧力によって実質的に冷戦に勝ったととらえるうちに、人々は『本当にそうしたいなら、その国を変えることだってできる。民主化させたり、世界のよき市民に変えたりすることができる』と考えるようになってしまいました。そういうふうにとらえると、世界唯一の超大国として、アメリカは望むことを何でもできるということになるわけです。しかし、そうはいきませんでした」

フランス大統領の補佐官として、ゴルバチョフとの交渉にあたったアタリは、米ロの対立が生じる大きな原因は、アメリカがロシアの利害を十分に考慮しないことにあると指摘する。

▼**アタリ**（元フランス大統領補佐官）

「戦争のあと必ず勝利者が出ます。すると勝利者が敗者を見下すのです。これは間違いです。このとき、新たな戦争の条件が準備されてしまうのです。それがいまのロシアで起きていることです。見下し、切り離し、新たな紛争の条件がそろってしまう。経済危機打開に求められるのは、おそらく新たな紛争です。特別な状況下で憎悪があおられるのです」

プーチンの対米批判

二〇〇七年二月、ロシアはついに直接的な対米批判に踏み切った。ドイツのミュンヘンで行われた国際安全保障会議において、プーチンはアメリカの一極支配を冷戦時代さながらの強い調子で非難したのである。

▼プーチン大統領

「たった一つの国だけが、権力を持ち、武力を行使し、決定を下す。そうした一極支配はとうてい受け入れられず、不可能です」

プーチンの激烈な演説は、世界の指導者に大きな衝撃を与えた。しかし、ゴルバチョフは、プーチンは当然のことを発言したまでだとして、その対米批判に理解を示している。

▼ゴルバチョフ

「ミュンヘンでプーチンが演説したときのことです。そのとき私は鋭く反応しましたよ。とても鋭くね。聴衆の反応に驚きました。プーチンが話し始めると、誰もが息をひそめるのです。西欧の首脳陣は、まるでプーチンが恐ろしいことを口にしているかのように嫌な顔をしていました。

プーチンは、ただロシアで話していること、彼がいろいろなところで話している内容を繰り返しただけでした。お歴々が居並ぶ前で、同じことを言ったまでです。それなのに皆の怒りを買ったのです」

ミュンヘン会議で議長を務めたのは、冷戦時代、西ドイツのコール首相の側近を務めたテルチクだった。テルチクは、ドイツ再統一に向けた交渉では、常にソビエト側の利害も念頭に置いていた。その経験から、冷戦後、欧米がロシアの利害を考慮しなくなったことがウクライナ危機につながったと指摘する。

▼**テルチク**（元西ドイツ首相外交顧問）

「ウクライナ危機は、ロシアとヨーロッパ・西側全体との対立であり、ヨーロッパ全体をどのように形成するのかが争点となっています。（冷戦終結直後の）一九九〇年一一月には、東西ヨーロッパの三四か国の首脳が集まって、全欧安保首脳会議が開かれました。（ドイツ再統一を受けて）新しいヨーロッパ全体の平和と安全秩序を構築することが目標でした。このとき私たち西側は、この目標を全力では追い求めなかったという過ちを犯したと思います。

ロシア側は失望し、私たちがロシアの安全保障上の利益を十分に考慮しないということを危惧しています。こうした失望から、グルジアやウクライナでの衝突が発生しました。私たちはチャンスを逃してしまったのです。いまはいわば新しいスタート地点を見つけなくてはならないのだと思います」

冷戦時代末期、アメリカとソビエトは首脳会談を積み重ね、対立から協調へと大きく関係を変えることに成功した。ところが、ウクライナ危機をめぐって世界がふたたび対立に向かうのは、アメリカがロシアに一切歩調を合わせようとしないことに原因があると、ゴルバチョフは考える。

▼ゴルバチョフ

「(ウクライナ危機について)緊張を望んでいる人たちがいるのです。私は緊張を高めるためのアメリカの作戦だと思いますよ。アメリカの行動を見てみなさい。せっかく冷戦を終わらせることで合意したのに、また事件が発生するとは。

新しい協力の道を探り始めたのに、アメリカは態度を変えようとしませんでした。アメリカの帝国を作ろうという考えです。こうした状況は神が与えたものだから、行動しなければならないのだとアメリカは唱えていますが、何ひとつうまくいっていません」

プーチンの大国主義的な外交

このように、ゴルバチョフはかなり厳しい調子で冷戦後のアメリカの対ロ政策を批判する。しかし、一方のロシアも、かつてゴルバチョフが放棄したはずのブレジネフ・ドクトリンを復活させるような大国主義的な外交を強めている。

そうした動きは、イラク戦争やNATOの第二次東方拡大のあとの二〇〇五年ごろから目につくようになった。その背景には、弱体化していたロシアが、原油価格の高騰によって国力を回復し、エネルギー大国として強いロシアの復活を目指し始めたことがある。たとえば、ウクライナのオレンジ革命でロシアが支援した与党候補が敗れたあと、二〇〇五年以降、ロシアはウクライナに対してそれまで安く供給してきた天然ガスの価格を一気に数倍に引き上げたり、供給を停止したりするなど強硬な姿勢に出た。これは、ロシアがエネルギーを政治利用する新たな戦略を取り始めたことを示すものである。

ロシアの外交専門家ドミートリー・トレーニンは、こうしたロシアの外交政策の転換について、「ロシアはそれまで回っていた欧米の軌道を外れ、自らの銀河系の創設に乗り出した」と表現している。

二〇〇八年八月、ロシアは隣国のグルジアに軍事侵攻し、南オセチア自治州とアブハジア自治共和国を占領し、独立国家として承認した。この際、当時のメドベージェフ大統領は、軍事侵攻はみずからの影響圏と現地に住むロシア人を守るために必要だったと強調した。

▼メドベージェフ大統領（当時）
「われわれの無条件の優先課題は、ロシア国民の生命と財産を守ることです。もし誰かが攻撃してくれば、反撃を受けることを理解すべきです。ロシアには、ほかの諸国と同様、特権的な利益のある地域があるのです」

これは、ゴルバチョフが放棄したはずのブレジネフ・ドクトリンの復活とも言えるものである。ロシアは旧ソビエト諸国を「近い外国」と呼び、伝統的にみずからの影響圏とみなしている。旧ソビエトには一九〇〇万人とも言われるロシア人が住んでおり、メドベージェフが軍事侵攻の理由にロシア人の保護をあげたことは、旧ソビエト諸国に強い警戒感を抱かせた。

プーチンはソビエトの崩壊を「二〇世紀最大の地政学的な大惨事」と述べており、二〇一四年のウクライナのクリミア編入や東部の親ロシア派への支援は、ロシアの影響圏の回復を目指す動きと受け取られている。また、プーチンが二〇一一年に提唱したユーラシア連合構想も、旧ソビエトを経済的に再統合する試みと見られている。
ゴルバチョフは、私たちとのインタビューで冷戦後のアメリカの対ロ政策を厳しく批判する一方で、プーチンの大国主義的な外交は一切批判しなかった。また第一章で見たように、ゴルバチョフは欧米諸国が国際法違反だと強く批判するクリミア編入についても、正当なものだとプーチンを擁護している。私たちは、これはブレジネフ・ドクトリンを放棄し、他国の主権の尊重や内政不干渉の姿勢を貫いた、かつてのゴルバチョフの姿勢とは相いれないものだと考える。

失われつつある成果

こうしたプーチンやゴルバチョフの主張に対して、かつてのアメリカ政府高官らは、ウクライナ危機へのプーチン政権の対応は誤りであり、ロシアは冷戦後になし遂げた成果を失いかねないと強く批判する。

▼**フィッツウォーター**（元ホワイトハウス報道官）
「ウクライナで起こっていることに、私たちも非常に大きな懸念を持っています。米ロ関係だけでなく、ロシア国民の生活向上という点でも、冷戦終結後に大きな前進があった

のに、それがすべて失われるかもしれないという懸念があるのです。

プーチンは、昔の政策や関心の持ち方に戻ってしまっているように見えます。ゴルバチョフは、自国民を救い、国を成長させ、住宅や食糧を提供するといった目的のために、自分の能力を発揮するのだという動機に突き動かされていました。そうした努力が水泡と帰す様子は見たくありません。

冷戦終結から二五年がたち、多くの進歩が達成されましたが、進歩とはゆっくりと痛みを伴って進むものです。いまロシアは自国民のために本当に大きな前進を成し遂げられる瀬戸際にあるのですから、あの軍事的冒険によってそれが台無しになってしまったら、プーチンにとっても悲劇になるでしょう」

▼**マトロック**

「起こっていることについては、全員がいくらかの責任を負っていると思います。問題の責任は何よりロシアの間違った行動にありますが、実際、他のすべての国が役に立たない政策を追求しています。

問題をただ無視することはできません。しかし、火に油を注ぐようなことは、もちろんすべきではありません。現在、ロシアがウクライナで行っていることは、そういうことです」

NATO拡大をめぐる対立

ロシアがアメリカに強い不信感を抱く背景には、NATOの存在が大きくかかわっている。第六章で見たように、ドイツが再統一する過程において大きな問題となったのが、統一ドイツがNATOに加盟するのか、中立になるのかという問題であった。結果的に、ソビエトは「NATOを拡大しない」というアメリカの方針を政府間の「約束」と受け止め、東西ドイツの再統一とそのNATO加盟を容認した。

それから一年足らずの間に、東側の軍事同盟ワルシャワ条約機構は解体した。しかし冷戦が終結し、ソビエトが崩壊したあともNATOは存続し、東へと拡大を始めた。統一ドイツだけでなく、ポーランドなどの東ヨーロッパ諸国や旧ソビエトのバルト三国までが、相次いでNATOに加盟したのである。こうした事態をロシアは「約束違反」と受け止めた。

さらに、一九九九年にはNATOがロシアの同盟国ユーゴスラビアを空爆している。NATOが、ヨーロッパでロシアと同じスラブ民族の国に軍事作戦を行ったのは、第二次世界大戦後これが初めてだった。ロシアは大きな衝撃を受け、欧米への見方を根本的に見直す必要に迫られた。

しかし、当時ソビエトとの交渉にあたったマトロックは、「NATOを拡大しない」という約束は、拘束力のあるものではなかったと主張する。

▼マトロック

「確かにブッシュ大統領には、NATOを拡大するつもりはありませんでした。なぜなら、ゴルバチョフに対して、アメリカはソビエトの東ヨーロッパからの撤退を利用するようなことはしないと約束していたからです。

一九九〇年代後半からNATOの拡大が起こりましたが、それは、アメリカが要求したわけではありません。東ヨーロッパ諸国が加盟を望み、NATOの加盟国のうちデンマークのような小国が、それを支持したからです。NATO拡大は、ロシアに対抗するためではなく、東ヨーロッパ諸国を守るために行われたことなのです。しかし、NATOがどんどん拡大すると、ロシアは脅威を感じ始めました。この拡大は『オーケー、これで十分だ』といって、どこかで止められるものではありません。

プーチン大統領が『アメリカが約束を破った』と言うのは大げさです。アメリカは方針を変更しましたし、方針変更は残念なことであったと私は個人的には思います。しかし、それは嘘をついたとか約束を破ったとか言われる筋合いのことではありません。あれは法的な拘束力のあるものではありませんでした。確かに一つの方針ではありましたが、明確な約束ではありませんでした」

ウクライナ危機のなかでも、NATOの東方拡大が改めて大きな争点となっている。もしウクライナがNATOに加盟することになれば、国境を接するロシアにとって安全保障上の大きな脅威になるとロシアは主張する。

ロシアを「脅威」と見るNATO

こうしたなか、二〇一四年九月、NATOは大きな方針転換を行った。イギリスのウェールズで開いた首脳会議で、冷戦終結後にパートナーと位置づけてきたロシアを、ふたたび「脅威」とみなし、集団的自衛を強化することを決定した。首脳会議には、ウクライナのポロシェンコ大統領が招かれ、NATOはウクライナの防衛強化のための資金援助などの支援を表明した。

ウクライナ政府も、NATOへの加盟を目指す方針を決定した。ウクライナの世論調査専門家イリーナ・ベケシュキナは、ロシアの脅威に直面して、NATOへの加盟を望む国民が急速に増えていると指摘する。

「NATOへの国民の態度も急に変わりました。一昨年（二〇一二年）はNATO加盟に賛成は一二％、反対は六〇％でした。いまは、状況が大きく変わりました。加盟支持は四〇％、反対は三五％になりました。近く、国民の過半数がNATO加盟支持になるだろうと思います」

その一方で、ウクライナ国内にもNATO加盟を疑問視する声がある。軍事専門家イーホル・スメシュコは、NATO諸国の同意が得られず、加盟は難しいだろうと見る。

「NATOに加盟すれば、ウクライナの安全保障は高まると思います。しかし、NATOに加盟するためには、すべての加盟国の同意が必要です。私は、フランスやドイツ、スペイン、イタリアはロシアの影響を受けていて賛成するとは思えません」

ロシアの外交専門家フョードル・ルキヤノフも、ウクライナのNATO加盟はロシアが絶対に受け入れないだろうと指摘する。

「プーチンの課題は、ウクライナを破壊して占領することではなく、ウクライナがロシアに非友好的な機関と結びつかないことです。欧米諸国は、ウクライナをNATOやEUに加盟させようとしていますが、ロシアはウクライナをつぶす方法はたくさんあると表明しています。ロシアの理想は、ウクライナがいかなる組織にも加盟しないことです」

冷戦終結に向けてソビエトとの交渉に携わったマトロックも、ウクライナはNATOに加盟すべきではないと主張する。

▼マトロック
「ウクライナは、NATOの加盟国にならないと決断すべきだと強く思います。ロシアが受け入れるとは思えませんから。不公平に思えるでしょうが、それが現実なのです。単純に、現実的に、そういうことが理解されなければなりません。ロシアが分別を持ち、あまりに多くを期待しなければ、この基礎の上に立って何らかの合意を導き出すことができるでしょう」

ウクライナ危機がもたらす影響

ウクライナ危機は、国際情勢にどんな影響を与えたのだろうか？

今回の危機については、「ロシアはクリミアを得て、ウクライナを失った」などとよく言われる。また、別の観点から「西側はウクライナを得てロシアを失った」「中国は何も失わずにロシアを得た」という興味深い見方もある。

ロシアの専門家たちは、この事態を極めて深刻に受け止めている。外交専門家ドミートリー・トレーニンは次のように述べている。

「ロシアと欧米との関係は、質的な境界線を越えてしまいました。一九九〇年前後から続いてきた対米関係は、二〇一四年になって対立関係になりました。EUとの関係も協調から競争関係になりました。国際関係は、常に協調か競争かのどちらかが優先されてきました。この二五年間は協調的な関係が強かったのですが、これからは競争が強まるだろうと思います。二〇一四年初めまでの国際関係の状況に戻ることは、もはや不可能です。米ロ関係の対立はしばらく続くだろうと思います。

これは新冷戦ではありません。『鉄のカーテン』をはさんで両陣営が対立するような状況への逆戻りはありません。しかし、競争関係が激しい形になることはありえます。場合によっては冷戦時代より激しくなり、より危険になる可能性があります。冷戦時代より抑止のファクターが少なくなるからです」

前述のルキヤノフも言う。

「アメリカとの関係は、この数年は変化が起こらないでしょう。欧州との関係はもっと複雑で、経済的な相互関連性が深くなっています。いま歴史の一つの章が終わったのです。一九八〇年代のゴルバチョフ時代からの最近までの時代、ロシアは先進世界に加わるという課題がありましたが、いまは検討されていません。いまのロシアは、西側の一部にはなりたくないのです。ロシアがG8から追放されたのには、象徴的な意味があります。もう戻らないのです」

新たな冷戦は勃発するか

ウクライナ危機は、ウクライナ国内の対立ではなく、欧米とロシアの対立にまで発展している。この危機は、新たな冷戦に発展する恐れはないのだろうか？　また新たな冷戦を避けるためにはどうすればよいのか？

冷戦終結に深くかかわった、かつての首脳や政府高官らの意見を聞いてみることにしよう。冷戦終結当時、フランスの大統領補佐官だったアタリとアメリカの駐ソビエト大使だったマトロックは対立打開に向けてこう提言する。

▼アタリ

「第二の冷戦は避けなければなりません。何が何でも新たな冷戦は避けなければ、とんでもないことになります。それは、軍事的な緊張を生み出すでしょう。冷戦に戻ってはいけないのです。私たちはまだそれを避けることができます。

東西の壁が完全になくなったとは言えません。壁の場所が変わったと言ったほうがいいでしょう。壁の崩壊は幻想です。それから、壁がすべて崩壊したということではありません。ただ、ロシアとの境である東のほうへ移動しただけなのです。

ウクライナはクリミアを失ったことに不平を言っていますが、もし彼らが本当にロシアを排除したいなら、クリミアを失うことを受け入れなければなりません。しかし、ウクライナはとても不安定で分裂しています。もしウクライナがヨーロッパとロシアとの間にあることが自国の利益になると理解すれば、ウクライナはヨーロッパの交差点、つまりヨーロッパのハブになることができると思います」

▼マトロック

「米ロ関係は、いま、冷戦終結以来もっとも緊張しているように見えます。しかし、冷戦が戻ってくるとは思っていません。なぜなら条件が大きく異なるからです。世界を巻き込む対立にはなっていませんし、米ロはさまざまな分野で協力関係にあります。問題が生じているのは一つの特異な分野、つまりウクライナです。

他のすべての国々は、何よりもまず、ウクライナが国内問題を解決するように促し、ロシアにとっても受け入れられる解決策を見出すように促さなければなりません。いま（二〇一四年九月の合意）の停戦が長く続くことを願っていますし、ロシアにせよ、ヨーロッパにせよ、アメリカにせよ、外部の者が、ウクライナ人が彼らの相違を解決し、戦闘をやめるように促すことを願っています」

ドイツ統一に向けて交渉にあたった元西ドイツ首相顧問のテルチクは、ドイツが第二次世界大戦に敗れ、東西に分断された歴史から、制裁は対立の根本的な解消にはつながらないと訴える。

▼テルチク

「制裁は平和に貢献するより、緊張を高めるということを私は経験しました。相手に脅威を与えず、対話と協力の政治を行って緊張を緩和することが望まれます。しかし私たちは、制裁で相手を孤立化させるという過ちをふたたび犯しています。私はこれは間違いだと考えています」

危機解決への提言

冷戦終結にかかわったゴルバチョフやアメリカの政府高官らは、こうした深刻な危機を解決するためには、相手との対話を深め、一つの国だけではなく、集団的に取り組むことが重要だと提言する。

▼フィッツウォーター

「プーチンとオバマがもっと会話をし、関係を築いていたらと、私たち皆が残念に思っています。オバマは、何のためにあのような立場にあるのでしょうか？　プーチンとオバマの関係が良くないのは明らかです。それは危険なことだと思いますし、変わってほしいと思います。プーチンとやりとりしなければならないと、オバマもやがてわかることでしょう。プーチンが事態を緩和してくれはしませんからね。彼は侵略者ですよ。

もしロシアが人々を軍事力で殺したり、戦車で世界を支配したりしようとするなら、世界中がロシアに背を向けることになるでしょう。アメリカはすでに制裁措置を具体化させています。ロシア以外の他の国が『ダメだ、君の行動は受け入れられない。でももっと重要なのは、君はもう私たちとはビジネスをできないんだぞ』という制裁です。銀行業務は縮小され、製造、投資、対外投資などのすべてが、プーチンの行動によって脅かされています。プーチンがなぜあんなことをしたがるのか、私には理解できません。自分の野心のために自国民をないがしろにしているとしか思えません」

▼マトロック

「私が米ロ両国にアドバイスするとすれば、『静かな外交に集中しなさい』と言いますね。オバマはそう言っていましたし、最近は相当に自制しています。もしプーチンがもうすこし声を抑え、言葉遣いをいくらか変えれば、両国は何らかの理解を得られ、全員の利益にかなうと思います。

もちろん、アメリカには他の国を変える力はありませんし、国を変えられるのはその国だけです。武力で難しい問題を解決しようと試みることは間違いです。

こうした問題については、集団的に取り組む国際的な構造が必要です。なぜなら、一つの国の力でどうにかなるものではないからです。問題を解決したいと思うなら、集団的に取り組まねばならないということを、アメリカには学んでほしいと思います」

▼ゴルバチョフ

「(ドイツ統一のあと)三四か国の首脳が集まる全欧安保首脳会議が開かれ、ヨーロッパの将来がどうあるべきかについて一致しました。やはり私は、この首脳会議で持ち上がった提案に立ち返るべきだと思います。当時行われたこうしたやり方をうまく生かしていくことが必要です。すべての国が関係を強化し、協力を進めていかなければなりません。もちろん、このプロセスは日本抜きではありえません。日本は重要な経験と能力のある大国ですから。

新しい境界線が作られることを許してはいけません。われわれが進んできた道を歩まなければなりません。それは、壁をなくすことだったはずです。これこそが必要なことなのです！」

求められる信頼関係とリーダーシップ

冷戦終結に深くかかわったかつての首脳や政府高官たち、そして現在のウクライナ危機を日々追いかけている専門家たちのさまざまな意見や分析を紹介してきた。一連のインタビュー取材を通じて強く感じるのは、この深刻な危機を新たな冷戦に発展させないよう、一刻も早く終わらせなければならないということである。冷戦終結の最大の立役者であるゴルバチョフは、「冷戦はひとりでに終わるものではない」と警告する。影響力を持つ関係国の首脳らが、危機を終わらせるために具体的なプロセスを始める必要があると力説しているのだ。

いま、ウクライナ危機でもっとも欠けているのが、そうした首脳間の信頼関係や強いリーダーシップではないだろうか。関係する首脳らが「何としてもこの危機を解決する」

という強いリーダーシップを発揮し、ロシアの利害にも配慮しながら、対話や協力を積み重ね、解決のため一か国ではなく集団的に取り組むこと。ウクライナ危機の解決には、こうした対立を超える互いの歩み寄りが欠かせない。

二〇一五年二月にふたたび停戦で合意したとはいえ、これが果たして包括的な和平に至るのか、東部をどのように位置づけ、ウクライナがどんな国家になるのか、予断を許さない状況だ。ウクライナ危機の真の解決への道筋はまだ見えない。

BS1スペシャル「ゴルバチョフが語る　ウクライナ危機の過去と未来」

（2014年6月28日放送）

ナレーション　伊東敏恵
声の出演　糸博
資料提供　ITNソース／ロイター、TF1 Droits Audiovisuels、ゲッティイメージズ、AP／アフロ
撮影　手嶋俊幸
音声　斎藤健二
音響効果　沼口公憲
リサーチャー　中村由利
取材　山内聡彦、パーベル・フョードロフ、中山尚己
ディレクター　佐藤憲正
プロデューサー　天野静子
制作統括　三雲節、村山淳

BS1スペシャル「伝説の晩餐会《ディナー》へようこそ　ゴルバチョフ・冷戦終結をめぐる秘話」

前編 米・ソ 核の対立／後編 ヨーロッパの分断

（2014年11月24日放送）

ナレーション　井上二郎
声の出演　81プロデュース
資料提供　AP／アフロ、ロナルド・レーガン図書館、ゲッティイメージズ、ITNソース／ロイター／ITN News、毎日新聞社、Bundesregierung／Lothar Schaack、ゴルバチョフ財団日本
撮影　手嶋俊幸
音声　平口聡、中村和彦
音響効果　沼口公憲
リサーチャー　中山尚己
コーディネーター　エテーリ・サコンチコワ、アネテ・エルベ、大杉友里、藤山華津馬、ルイ横山
取材　山内聡彦、中島美香
ディレクター　佐藤憲正
プロデューサー　天野静子、パーベル・フョードロフ
制作統括　三雲節、村山淳

「緊急提言　“第二の冷戦”は回避できるか　当事者たちが語るウクライナ危機」

（2014年12月23日放送）

ナレーション　濱中博久
声の出演　81プロデュース
資料提供　AP／アフロ、ロナルド・レーガン図書館、ゲッティイメージズ、ITNソース／ロイター／ITN News、Estonian Public Broadcasting、Bundesregierung／Lothar Schaack
撮影　手嶋俊幸
音声　斎藤健二、中村和彦
音響効果　沼口公憲
リサーチャー　中山尚己
コーディネーター　エテーリ・サコンチコワ、アネテ・エルベ、大杉友里、藤山華津馬、ルイ横山
編集　綿貫俊介
取材　山内聡彦
ディレクター　中島美香
プロデューサー　天野静子、パーベル・フョードロフ
制作統括　三雲節、村山淳

校閲　大河原晶子
ＤＴＰ　岸本つよし
図表作成　原　清人

山内聡彦 やまうち・としひこ
1952年生まれ。NHK解説委員(旧ソ連、南アジア担当)。
東京外国語大学卒業後、NHKに入局。
ウラジオストク支局長、モスクワ支局長などを歴任。
著書に『現代ロシアを見る眼』(共著、NHKブックス)など。

NHK取材班
2014年、ゴルバチョフらへの単独インタビューに成功し、
本書の土台となる3本の番組を制作。

NHK出版新書 455

ゴルバチョフが語る
冷戦終結の真実と21世紀の危機

2015年3月10日　第1刷発行
2022年9月15日　第2刷発行

著者 山内聡彦
NHK取材班

発行者 土井成紀
発行所 NHK出版
〒150-0042 東京都渋谷区宇田川町10-3
電話 (0570) 009-321(問い合わせ) (0570) 000-321(注文)
https://www.nhk-book.co.jp (ホームページ)

ブックデザイン albireo
印刷 新藤慶昌堂・近代美術
製本 二葉製本

Printed in Japan ISBN978-4-14-088455-3 C0231